图书馆信息资源建设与创新服务研究

张晓艳　著

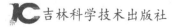
吉林科学技术出版社

图书在版编目（CIP）数据

图书馆信息资源建设与创新服务研究 / 张晓艳著
. -- 长春：吉林科学技术出版社，2023.3
ISBN 978-7-5744-0270-6

Ⅰ.①图… Ⅱ.①张… Ⅲ.①图书馆－信息资源－资
源建设－研究②图书馆服务－研究 Ⅳ.①G250.73②G252

中国国家版本馆 CIP 数据核字(2023)第 063939 号

图书馆信息资源建设与创新服务研究

著　　　　张晓艳
出 版 人　宛　霞
责任编辑　冯　越
封面设计　正思工作室
制　　版　林忠平
幅面尺寸　185mm×260mm
开　　本　16
字　　数　200 千字
印　　张　9.5
印　　数　1–1500 册
版　　次　2023年3月第1版
印　　次　2024年1月第1次印刷

出　　版　吉林科学技术出版社
发　　行　吉林科学技术出版社
地　　址　长春市福祉大路5788号
邮　　编　130118
发行部电话/传真　0431-81629529 81629530 81629531
　　　　　　　　　81629532 81629533 81629534
储运部电话　0431-86059116
编辑部电话　0431-81629518
印　　刷　廊坊市印艺阁数字科技有限公司

书　　号　ISBN 978-7-5744-0270-6
定　　价　78.00元

前　言

　　图书馆是社会文化建设的重要组成部分。它与专业图书馆的不同之处在于，它对社会各阶层开放，收集各种各样的书籍。随着人类文明的发展，人们对知识水平的要求越来越高，图书馆的建设应运而生。图书馆是人类不可缺少的存在。它收集和整理各种各样的信息资源，然后把它们奉献给人类的需要。它为人类文明的发展和文化建设作出了巨大贡献，对提高全民的文化素质和生产能力发挥了重要作用。

　　图书馆的主要功能是为公众提供信息服务。它的一切活动都围绕着两个部分展开：一是资源建设，二是服务。资源建设是图书馆各项活动的基础。与专业图书馆相比，图书馆需要更多种类的资源和更丰富的信息，以满足各类人群的需求为目标。在21世纪这个信息技术高度发达的时代，人们对信息的需求是极其巨大的。获取信息的途径各不相同，图书馆是其中重要的一个。图书馆作为一个庞大的信息中心，在满足群众信息需求方面发挥着重要作用。

　　但图书馆不能随意建设，它有一定的建设标准和条件。图书馆的规模必须由它所服务的人数、所收集的图书数量以及当地的经济和发展水平来决定。图书馆在进行资源建设时，应顺应时代特点，将纸质图书与数字资源相结合。此外，图书馆的建筑设计应适应现代图书馆服务模式的变化，同时提供文献资源和相应的文化活动。建立了文献资源与文化活动相结合的服务模式。

　　目前，图书馆的发展条件十分优越。在国家高度重视图书馆的情况下，图书馆不仅满足了公众的信息需求，而且对提高民族文化实力具有重要作用。各种政策的支持也使图书馆的资源建设迅速发展，服务水平日益提高。在信息技术的支持下，图书馆致力于数字建设。数字图书馆最大的价值和功能是提供信息资源服务。在数字技术的支持下，图书馆可以最大限度地获取信息和提供服务。时代在变，图书馆必须跟上时代的步伐，否则就会逐渐被淘汰。然而，事物的发展变化不是一蹴而就的，它总是有一个渐进的过程。图书馆的资源建设和服务也不例外。随着社会生产力的提高，图书馆的变化是有目共睹的，图书馆在文化体系中的地位也越来越高。

　　为了加强图书馆资源建设，提高资源服务水平，必须尽可能挖掘图书馆的最大价值。然而，图书馆建设的最终目的是为广大公众服务，在进行资源建设的同时，不能忘记提高服务质量。要使图书馆长期发展，必须牢记图书馆建设的基本原则和基本理念。因此，在图书馆发展过程中，应加强图书馆特色资源建设，注重提供个性化服务。

图书馆既面临着巨大的发展机遇，也面临着诸多问题和挑战。国家财政投入的不足，使图书馆在资源建设中无法放手。然而，由于不同地区经济水平和人民教育水平的不同，不同地区图书馆的发展是不平衡的。此外，世界各地的图书馆还存在着一个非常严重的问题，那就是藏书不足。如果这个问题得不到解决，将严重影响图书馆的资源建设和服务。而优秀的图书馆管理人员的缺乏也是亟待解决的问题。

编委会

目 录

第一章 概 述 ……………………………………………………………… (1)
 第一节 泛在图书馆理念下的阅读服务 …………………………… (1)
 第二节 新形势下的个性化图书推荐系统 ………………………… (5)
 第三节 数字人文背景下的图书馆阅读服务 ……………………… (11)

第二章 现代图书馆服务转型 ………………………………………… (13)
 第一节 服务转型是图书馆发展的必然趋势 ……………………… (13)
 第二节 图书馆服务转型的信息资源基础 ………………………… (22)
 第三节 图书馆服务转型的环境变革 ……………………………… (31)
 第四节 图书馆服务转型的基本走向 ……………………………… (38)
 第五节 图书馆服务转型策略 ……………………………………… (39)

第三章 提升服务质量理论探讨 ……………………………………… (44)
 第一节 图书馆如何为学习型社会服务 …………………………… (44)
 第二节 图书馆如何促进与读者的交流 …………………………… (49)
 第三节 电子移动图书馆如何为泛在图书馆服务 ………………… (52)

第四章 图书馆建设现状 ……………………………………………… (56)
 第一节 图书馆资源开发的宣传工作 ……………………………… (56)
 第二节 图书馆自动化建设初级阶段的前期准备 ………………… (58)
 第三节 教育产业化语境中图书馆产业化 ………………………… (62)
 第四节 边疆图书馆在富民安边中的作用 ………………………… (64)

第五章 公共图书馆文献资源建设 …………………………………… (69)
 第一节 如何加强公共图书馆文献资源建设 ……………………… (69)
 第二节 公共图书馆文献资源建设的内容 ………………………… (72)
 第三节 公共图书馆外文文献资源建设 …………………………… (73)
 第四节 加强公共图书馆文献资源建设的必要性 ………………… (76)

第六章 公共图书馆数字资源建设 …………………………………… (78)
 第一节 公共图书馆数字资源建设重要性 ………………………… (78)
 第二节 公共图书馆数字信息资源共享体系的建立 ……………… (83)

第七章 图书馆信息化的应用与建设 ………………………………… (90)
 第一节 图书馆信息化的应用 ……………………………………… (90)

第二节　信息化图书馆的用户分析与研究 ……………………………… (105)

第三节　现代图书馆用户研究的主要内容 ……………………………… (108)

第四节　信息化图书管理员的管理与培养 ……………………………… (109)

第八章　阅读推广工作管理 ……………………………………………… **(119)**

第一节　阅读推广工作管理概述 ………………………………………… (119)

第二节　阅读推广工作战略规划 ………………………………………… (121)

第三节　阅读推广工作资源准备 ………………………………………… (124)

第四节　阅读推广工作过程管理 ………………………………………… (129)

第五节　阅读推广活动的安全管理 ……………………………………… (131)

第九章　公共图书馆资源建设与服务的作用 ……………………………… **(133)**

第一节　对于新农村建设的影响 ………………………………………… (133)

第二节　对于城市建设的影响 …………………………………………… (134)

第三节　对于文化建设发展的作用 ……………………………………… (136)

参考文献 ……………………………………………………………………… **(140)**

第一章 概　述

第一节　泛在图书馆理念下的阅读服务

习近平在俄罗斯索契接受俄罗斯电视台采访时承认："阅读已经成为我的一种生活方式。"2013年5月，李克强总理回答了一名瑞士大学生的提问："不管工作多忙，都要抽出时间学习。"如果你不读书，就很难有思想的火花，就很难理解人类文明的进步。可见，当代青年大学生的成长与阅读具有密不可分的关系。现如今，阅读已经成为提升当代大学生人文素养以及学术素养的重要手段，如何激发大学生对阅读的兴趣，提升大学生的阅读量以及阅读质量，使大学生养成良好的阅读习惯成为当代高校图书馆建设与发展的重要命题。在信息时代发展的背景下，阅读在我国社会发展进程中正发起一场声势浩大的革命。通过数字图书馆同物理图书馆的联合使阅读更加方便。随着无处不在的图书馆形成与发展，我国广大社会全体的阅读模式发生了翻天覆地的变化，我国图书馆为广大阅读群体所提供的阅读服务业随着发生了一定的变化。为此，本章将以广西警官学院为例，针对该学院大学生阅读现状进行分析，探讨图书馆理念下高校图书馆的阅读服务发展现状。

一、泛在图书馆理念下高校大学生的阅读现状

自进入21世纪起，互联网、物联网、大数据、云计算等技术逐步兴起，以智能化、信息化为代表的现代化科学技术被陆续运用到社会发展的各个领域，近年来部分研究学者将图书馆作为研究对象，借助现代化科学技术特提出"泛在图书馆（Ubiquitous Library）"这一新概念。"泛在图书馆"理念的产生，为我国当代图书馆建设提出全新的发展理念，使我国图书馆在建设过程逐步摆脱地理条件与物理条件的限制，有效扩大图书馆的暗金色花规模以及服务范围，实现对阅读模式的丰富与拓展，改变传统阅读格局。

（一）大学生阅读现状

在新时期发展的背景下，阅读形成两种发展趋势，一种是以传统阅读为主宰的固定化阅读模式，另一种是以现代化阅读为主宰的自由化阅读模式。随着社会的不断发展，人们的生活日益忙碌，普遍出现浮躁心理，读书越来越不深入。不少年轻人会利用少量的业余时间阅读，绝大多数时间他们花在他们的业余时间，比如在候诊室，厕所和公共汽车，他们使用的碎片时间浏览流行和受欢迎的阅读材料，如时尚杂志、网络小说等。通常情况下，人们在阅读过程心态比较随意，呈现一种"轻阅读"的状态，这种阅读状态是一种自由式阅读。在整个阅读活动中，"免费阅读"占据网络阅读的主导地位，这种阅读具有强大的信息检索功能，能够在较短的时间内查找到大量的相关信息，且这种信息具有免费性，无需支付额外的费用，为广大读者提供便利，在众多阅读活动中占据较高的应用优势。读者借助网络免费阅读，并在阅读的过程表达自己观点、发表个人意见，有效提升阅读主体的主观能动性，全面激发读者的兴趣爱好。

而传统阅读则是一种具有固定化的阅读模式，这种阅读活动具有特定的研究方向与研究载体，是人们探索未来的重要图形，是人们创造自我的认知过程，是社会发展、人类进步不可或缺的重要支柱。中国研究学者在学术研究过程，针对"阅读能力"特作出如下解释，科学选择文献、正确掌握阅读方法、深入了解文献的内容、消化并应用知识的能力。因此，传统阅读是一种具有深度性的阅读，是阅读与学习的重要方法，是当代教育工作中最为倡导的一种阅读方法。然而，在新时期发展的背景下，越来越多的大学生步入自由阅读的浪潮，能够在阅读过程运用深入阅读方法的大学生越来越少。在笔者看来，所谓的传统阅读不应该再是在泛在图书馆概念下的传统视角下的手写体阅读。在新时期发展的背景下，传统阅读不仅可以将纸质书籍作为阅读载体，同样可以将电子资源作为阅读载体，只有将阅读与思考相结合的深度阅读，当然凭借某种特殊的媒体所开展的阅读也可被纳入传统阅读的范畴。在教育与研究工作中，通过开展传统阅读活动，不仅能够培养人的理性思维与抽象思维，还能够有效提升人的文化素养以及工作能力。

（二）当代大学生阅读特征

通过对当代大学生阅读情况进行调查与分析，从中得知，当代大学生阅读呈现以下三种特征：其一，多媒体阅读倾向，忽视纸质阅读。在新时期发展的背景下，智能手机成为当代大学生日常生活的必需品，大学生能够借助智能手机等移动终端设备随时随地的获取新信息，呈现"足不出门，知天下事"的局面，多媒体阅读成为大学生阅读的重要手段，传统纸质阅读模式逐步被大学生忽视。其二，阅读娱乐化趋向，忽视经典阅读。在互联网技术的推广下，一系列流行杂质、网络小说、手机新闻等具有新颖性、多元化的阅读内容备受广大社会群体的喜爱，尤其是对于当代大学生而言，这些阅读素材打开了他们人生的新纪元，这些阅读素材比经典阅读内容更有趣、更丰富，更能激发他们的阅读欲望。其三，阅读浅显倾向，忽视深度阅读。随着人们生活节奏的不断加快，功利主义日益增强，大学生在阅读文学、历史、哲学等类型的书籍时会感到十分的吃力，久而久之便会放弃这种阅读内容。

二、泛在图书馆理念下高校图书馆的阅读服务

"泛在图书馆"理念下高校图书馆为广大阅读爱好者提供阅读服务需要分别从文献资源、朗读阅读、书网结合、服务水平四方面分别着手，具体表现如下：

（一）加强文献资源建设

大学生对系统而形成的信息的获取主要来自于图书馆文献的收集，尤其是对于刚刚进入大学、进入一个新领域的学生而言，想要从一个全新的发展领域获取某一项最新的动态信息或者是相关知识，可到学校图书馆查找。因此，学校图书馆是学生获取相关知识与新信息的最佳地点。在泛在图书馆理念下，高校想要提升本院校图书馆的服务质量，将图书馆建设工作全面落实到位，需要高校从本院校的实际发展情况出发，结合本院校图书馆的馆藏发展目标，全面做好馆藏建设的各项规划活动，尽最大努力挖掘本院校在图书馆建设方面的资源，有效提升图书馆内图书资源的流通率以及资源的利用率。为此，高校对图书馆开展文献建设活动时，需要从以下四个方面着手：

其一，全面落实新增文献的补缺工作。随着社会的不断发展，文献资料日益丰富，在图书馆文献资源建设方面，图书馆建设人员需要将纸质文献与电子文献放在同等重要的地位，及时做好纸质文献与电子文献的补缺地位，将新增专业文献资源的采购工作全面落实。流通部门应权利落实对呆滞图书的调整工作与处理工作，并在工作过程对图书呆滞原因进行深入调查与剖析，针对呆滞图书中具有一定价值的图书做好专门推荐工作，将激活馆藏工作全面落实到位；技术部门应科学处理好阅读训练教育资源的整合工作，为广大阅读群体提供在线阅读平台，积极处理读者在线阅读过程所存在的各种问题，并做好电子资源补充工作。

其二，全面搭建图书馆应用指导平台。课堂教师和图书馆员专业书籍推荐平台可以建立，提供参考书籍，扩大课程的参考书目由专业教师、图书管理员根据专业教师提供过滤的范围选择书籍，阅读指导方案提出，可以刺激学生的学习热情，主动，实现自主学习，改变这种现象的装饰专业书籍的图书馆。

其三，实施分层次阅读指导。譬如，刚入大学校园的新生更倾向于随意阅读。在这个时候，他们读更多的轻松的书。大二学生对知识面的扩展与延伸相对比较重视，学生为了毕业或者是为了达到某种目的有针对性的开展阅读活动，得到学生的青睐图书馆的英语和计算机类。

其四，构建读者反馈系统。通过建立具有开放性的在线咨询平台，实现对读者信息的及时恢复，积极做好与读者之间的沟通与交流工作，及时了解读者在阅读过程中的各种需求，为广大读者提供更优质的服务。

（二）引导读者朗读阅读

现代阅读强调"阅读"，而"阅读"则被推到了次要甚至不重要的位置。在阅读模式多样化的时代，应该把好书读出来，这样大声朗读才能激发学生的阅读热情。大声朗读可以分为默读和有声阅读。这里提倡的是将文字翻译成语言，以口耳为媒介，通过眼、口、耳、脑的配合完成阅读，在不影响他人的情况下，朗读好书。通过大声朗读，理解书的含义，气韵、节奏，可以读出读出来的感觉，读出读出来的兴趣、声音和情感，大声朗读可以使阅读成为一种享受。阅读活动，再现的声音语言的实际应用，大学生在小学初中学习语言，有一定的文学修养，当读书有自己的理解和观点，但你可以阅读材料写的作品，在不同的历史时期，不同的社会过程，提出了不同的内容，不同的写作风格。因此，哪些作品适合大声朗读，为什么大声朗读的目的需要图书馆在阅读服务方面的指导。因此，朗读可以纳入图书馆阅读指导课阅读教育部分，让读者能够在朗读的过程收获快乐。

针对莫言作品的主题，本选题可以进行朗读指导，加深对莫言作品的理解。广西警官学院还可以将阅读融入公安专业图书主题阅读服务中。例如，通过结合专业书籍的案例分析，让读者在阅读指导中大声、生动地朗读，加深读者对专业知识点的理解和阅读专业书籍的兴趣。

（三）引导读者将"书"与"网"结合到一起进行阅读

相关统计显示，2012年18－70岁的中国公民各类媒体，包括图书、报纸、期刊、数字出版物的综合阅读率为76.3%，其中图书阅读率为54.9%，数字阅读曝光率为40.3%。随着电子阅读器终端技术的逐步成熟，智能手机已经成为大众的阅读平台。依托移动互联网终端，电子阅读和在线阅读已经得到了大众的认可，成为大学生阅读的主流。因此，一些人认为电子"网络"阅读将取代纸质阅读"书籍"阅读。但在知识传递方面，传统的纸质阅读是不可替代的，是大学生获取专业知识和经验的重要载体。在2013年11月5日的比利时书展上，志愿者们用图书多米诺骨牌创造了一项世界纪录。2014年第十一届全国国民阅读调查报告显示，66.0%的成年公民倾向于"纸质书阅读"，15.0%的人更倾向于"在线阅读"，15.6%的国家倾向于读"移动电话"，2.4%的人倾向于在电子阅读器上阅读，1.0%的国家"用来下载并打印阅读"。可见，阅读"互联网"只是这个时代的阅读方式之一，并不能完全取代阅读"书籍"。引导大学生在数字阅读时代处理好传统纸质阅读与数字阅读的关系，将阅读"书"与阅读"互联网"相结合，是提高图书馆阅读服务水平的工作之一。图书馆在阅读推广的过程中，吸引读者到图书馆通过促销活动，如书，好图书展览，欣赏和分析著名作品，经典的背诵比赛，等等，所以，读者可以感受到不同的阅读过程中阅读用墨水在纸上香味和扫描单词在互联网上，从而激发广大读者的阅读兴趣，提升图书馆藏馆资源的利用率。

（四）有效提升图书馆馆员的服务质量

在新时期发展的背景下，高校开展图书馆建设活动一定不能忽视对图书馆馆员的管理。图书馆馆员的综合素质直接影响到图书馆的服务质量与建设水平。在高校阅读服务与管理工作中，构建一支高素质、高水平的图书馆馆员对位是泛在图书馆理念下的重要环节，是确保图书馆阅读服务功能正常发挥的关键因素。在多元化发展的视角下，阅读活动的丰富性、多样性与灵活性同图书馆馆员的综合素质具有密不可分的关系，不仅需要图书馆馆员拥有广博的知识，还需要拥有强大的专业服务技能，需要图书馆馆员在正确掌握传统图书馆馆学理论、基本技能的基础上，熟练掌握计算机技术与网络技术，能够灵活运用计算机技术实现对打响信息的组织与过滤，同时还要评价各种文献资料的应用价值予以判断，为读者传统阅读与自由阅读提供便利。因此，图书馆馆员只有具备综合素养，方可在图书馆馆员工作中为广大读者提供最佳的服务。

三、结语

在新时期发展的背景下，"阅读"活动备受社会的广泛关注。2014年以"全面阅读"为主题的阅读活动，特提出"阅读，请到图书馆"这一推广口号，吸引更多的人到图书馆参加阅读活动。

第二节 新形势下的个性化图书推荐系统

在新时期发展的背景下，图书馆的功能日益增加，不仅为高校师生图书借阅活动提供便利，还为图书馆管理工作增加信息检索等功能。然而，现代化信息技术的推动下，高校图书馆所构面的纸质书籍、电子书籍越来越多，每一位用户多需要运用到的书籍对于整个图书馆中的馆藏资源来说，可谓"沧海一粟"，绝大多数读者完全不小的如何在这个大型图书馆资源快速找到自己所需要的书籍，导致图书馆中的资源呈现丢失现象。部分读者到图书馆借书过程，有时是不符合自己利益的，借书一两天后再回到图书馆，这一现象在广大读者中广泛存在，不仅耽误读者的阅读时间，还浪费图书馆在图书管理中的人力、物力和财力。

在新时期发展的背景下，不少研究学者均针对以上问题做出深入、详尽的分析，通过借助现代化信息技术手段特研制出"个性化图书推荐系统"。通过借助"个性化图书推荐系统"对读者图书的节约情况以及个人喜好进行详细记录，实现了从原始借阅人到借阅人的个性化图书推荐。

一、现有图书推荐系统

Tapestry是一款早期的图书推荐系统，该系统允许用户"喜欢"或"不喜欢"文章。就Tapestry这一图书推荐系统的形成与应用，Goldberg等研究学者曾对其展开深入的研究，并提出"协作过滤"这一概念；斯坦福大学所提出的Fab这一混合技术，是将内容与协作为基础，通过将内容过滤与协作过滤结合到一起，为用户提供资源字段；俄勒冈州立大学图书馆所运用的电子推荐过滤系统，即SERF，该系统能够对用户单击鼠标所要查找的信息进行计算，以及对查找的信息是否得到使用作出准确的判断，最后将这些信息推荐给类似的用户群体，为用户查找信息提供便利；Cite Seer是一款数字图书馆应用于论文推荐方面的系统，该系统将用户发表的论文为基础，构建与之相适宜的用户档案，对用户所发表的论文同其他文档的相似性进行判断，并将该论文推荐给可能感兴趣的用户。

从我国图书馆建设情况来看，我国过所运用的图书馆推荐系统具有一定的个性化，即"互动出版网络在线书店"，该系统中内容设计有"图书馆柜-我喜欢的书"专栏，该系统的会员能够根据自己的喜好选择自己喜欢的书籍。能够在"自定义"列中，选择自己感兴趣的范围。"互动出版网络在线书店"系统能够将会员的兴趣范围、浏览记录、藏书情况、购买记录为依据，为会员推荐与之相适宜的图书，与此同时会员也能够将自己喜欢的图书推荐给其他人。360doc assistant是一种在线文章推荐系统，通过借助人工智能技术对图书之间的相似性进行计算，构建与之相适宜的图书关联结构。会员根据自的喜好在系统上搜集感兴趣的图书，并做好相关图书的搜集工作，系统计算出其他图书与所收集图书的相似度。如果图书与图书集合的相似度很高，进而达到自动推荐的应用效果。

亚马逊是互联网上最大的书店。该书店将互联网为载体，通过项目间的协同作用，对项目信息进行过滤与筛选，做好与项目相近信息的推荐工作。余弦相似度是将顾客对图书购买情况与评分情况进行统计，计算购买图书和未购买图书之间的相似度进行推荐，这种系统是一种具有较强典型性图书推荐系统。

二、现有图书推荐算法

（一）数据挖掘推荐算法

数据挖掘推荐算法是一种关联规则方法，根据借阅记录或者是评级的方法根据用户的各项需求向其推荐新的图书馆图书。概念分层方法对人口学属性做出明确定义，通过借助人口学属性对用户特征做出综合性分析与描述。根据分类法将图书分成不同的类别，针对不同用户推荐不同的图书信息，确保所推荐的信息与用户的实际需求相契合，被称为关联规则的广义知识模型。因协同过滤推荐算法具有一定的冷启动性与稀疏性，图书推荐系统在应用过程可借助关联规则。对图书进行进行分类时，可利用聚类算法做好图书的聚类工作，将相似度比较高的图书归为一类，然后借助余弦相似度对用户之间的相似度做出科学计算，间而将图书推荐给目标表用户。

（二）模糊语言学推荐算法

在推荐系统中模糊语言学推荐算法的应用范围十分广泛。C. orcel等人针对图书推荐算法进行研究，将模糊语言学为基础，研究出一种多规则的推荐系统，并将该推荐系统运用到高校图书馆的信息推荐管理中。模糊语言学推荐算法在图书推荐中的应用为不同专业领域的研究人员提供与之相对应的资源，有效保证推荐资源的针对性与协调性，形成多规则组。然而，要得到用户的总体情况是很困难的，因为要表达用户的兴趣和喜好需要很多复杂的信息。C. orcel等人开发了图书推荐系统，为研究人员获取信息提供了极大的动力。模糊语言学推荐系统在图书馆中的应用，用户无需凭借用户特征轮廓对推荐信息进行定向，通过对用户信息进行计算，了解用户的各种偏好之间的关系，并对其提供所需要的信息。

（三）协同过滤推荐算法

协同过滤推荐算法使一种将用户、项目、模型为基础的算法，该算法的推荐过程大体如下：

1.根据图书馆用户信息的实际情况构建与之相适宜的评价模型；

2.借助余弦相似性、皮尔森相关系数等公式，对目标用户与其他用户之间所存在的相似性进行科学计算，从而获取与目标用户相近的用户N_u；

3.根据最近邻近用户信息对目标项目进行预算分析，为用户推荐预测评分最高的TOP-N项目。

用户数据信息充足时，将兴趣、爱好相似的群体推荐与之相适宜的数据信息，但是这种数据信息通常具有一定的稀疏性。为此，相关研究人员将链接预测的多种过滤方法为依据，结合用户的年龄、职业、专业、学历等特征向量以及心理学遗忘规律，对用户协同过滤进行优化与整合。

（四）内存推荐算法

内存推荐算法是一种在数据信息不充足状态下，向拥有不同兴趣爱好的用户群体进行推荐的一种非流形项目。例如LIBRA系统，该系统是一种将内容为基础的推荐算法，且该系统在图书馆推荐系统中应用相对比较早，每位用户提供例子，运用贝叶斯学习算法，从多种渠道出发，起初图书信息，并完成图书的推荐工作。

（五）云计算推荐算法

云计算推荐算法是借助云模型实现对信息的筛选与推荐。此种信息筛选方式是借助云计算模型对不同图书之间的关系进行计算，对图书之间的相似性做出科学分析、合理推断，有效处理推荐算法在扩展性以及数据稀疏性方面所存在的问题，有效提升协调过滤推荐算法的应用质量，有效克服传统向量推荐算法中所存在的弊端。

（六）中图分类推荐算法

中图分类推荐算法是中国图书馆分类法的一种推荐算法，该方法能够从主题视角或者是学科视角出发啊，将相同主题的图书或者是相同学科的图书划分成同一类型。可运用中图分类法中所涉及到的各种词汇对用户兴趣主题进行描述，科学处理词汇中的同一问题与多意问题，并按照中图分类法把图书划分成种种类型，针对不同类型的图书以及不同类型的用户群体，构建与之相适宜的关系网络，然后根据已建立的图书与用户之间的架构网络做好图书信息的推荐工作。

（七）混合推荐算法

针对单一推荐算法中所存在的新用户项目、数据稀疏、推荐质量低、计算难度大等问题，相关研究人员对图书馆推荐算法做出更进一步的研究与探讨，特提出"混合推荐算法"，这种算法使将多种算法融合到一起，形成一种多元化的推算网络，实现文本与应用、协同过滤与内容、协同过滤与聚类、用户与项目计算相似性、分割协同过滤与聚类等多种算法相互结合的新形态，将不同类型的推荐算法巧妙的融合到一起，构建多为一体网络结构，确保推荐内容的针对性与科学性，有效提升推进质量，但是此种算法复杂性更大，涉及大量的数据信息，需要消耗大量的时间。

（八）其他推荐算法

国立中山大学的黄三益等将数字服务作为出发点的研究学者，借助文献数字图书馆的 Web 日志，对用户信息进行科学记录，并为其做好相应的文献推荐工作。

三、图书推荐算法的数据集与评价标准

（一）图书推荐算法的数据集

从图书推荐算法的形成与构建来看，在图书推荐实验数据集中，经常见到的数据集主要涉及两方面的内容：

1. 高校图书馆所生成的用户借阅记录表；

2. 互联网平台电子图书用户评分数据集。譬如 Amazon 等。

（二）图书推荐算法的评价标准

从图书推荐算法的分析与评价视角来看，在图书推荐系统应用过程，推书推荐系统的应用标准主要涉及五方面的内容，即图书推荐算法的精确度、图书推荐算法的召回率、图书推荐算法的综合评价、图书推荐算法的平均绝对误差、图书推荐算法的其他标准。

1. 图书推荐算法的精确度（Precison）

图书推荐算法的精确度由"被选择（selected）的相关项目（relevant）的数量"和"被选择项目的数量"决定，即图书馆推荐算法的精确度为"被选择的相关项目的数量"同"被选择项目的数量"之间的比例值，表达式为：$P=\dfrac{N_{rs}}{N_s}$。

其中，"P"代表"图书推荐算法的精确度"，"N_{rs}"代表"被选择的相关项目的数量"，"N_s"代表"被选择的项目数量"。

由此可见，在图书推荐算法计算过程，所获得的精确度数值越高，代表图书馆推荐信息质量越高，应用效果越好。

2. 图书推荐算法的召回率（Recall）

图书推荐算法的召回率由"被选择的相关项目的数量"与"相关项目的数量"决定，即图书馆推荐算法的召回率是"被选择的相关项目数量"同"相关项目数量"之间的比例值，表达式为：$R=\dfrac{N_{rs}}{N_r}$。

其中，"R"代表"图书推荐算法的召回率"，"N_{rs}"代表"被选择的相关项目的数

量"，"N_r"代表"相关项目的数量"。

由此可见，在图书馆推荐算法计算过程，所获得的召回率数值越大，代表图书馆推荐信息质量越高，应用效果越好。

3.图书馆推荐算法的综合评价（F1）

图书馆推荐算法的综合评价由精确度与召回率决定，表达式为：$F1 = \dfrac{2PR}{P+R}$。

其中，"F1"代表"图书馆推荐算法的综合评价"，"P"代表图书馆推荐算法的精确度，"R"代表图书馆推荐算法的召回率。

由此可见，在图书馆推荐算法计算过程，所获得的综合评价越高，代表图书馆推荐信息质量越高，应用效果越好。

4.图书馆推荐算法的平均绝对误差（MAE）

图书馆馆推荐算法的平均绝对误差（Mea Absolute Error）由"预测的评分"和"实际评分"决定，即图书馆推荐算法的平均绝对误差是"预测的评分"与"施加评分"之间差值的平均值，表达式为：$MAE = \dfrac{\sum\limits_{i-1}^{n}\left| p_i - r_i \right|}{n}$。

其中，"MAE"代表"图书馆推荐算法的平均绝对误差"，"i"代表"项目"，"p_i"代表"项目i预测的评分"，"r_i"代表"项目i实际的评分"，"n"代表"项目的个数"。

由此可见，图书馆推荐算法的平均绝对误差MAE的数值越小，代表预测的评分同实际的评分之间的差值越小，图书馆推荐算法计算结果的应用效果越好。

5.图书馆推荐算法的其他标准

（1）图书馆推荐算法的算法耗时

图书馆推荐算法的算法耗时是指推荐算法在运用过程获取推荐结果所消耗的时间量。

（2）图书馆馆推荐算法的新颗性

图书馆推荐算法的新颗性是指推荐算法在运用过程新技术的应用程度以及新技术在未来社会中的应用情境，并对用户对信息的忠诚度、满意度等情况进行计算。

四、图书推荐算法的研究热点与研究难点

（一）新用户在问题

高校图书馆的用户群体主要为在校师生。其中，大专学生的学制为三年，本科学生的学制为四年，硕士研究生的学制为二到三年，博士生的在校就读时间为三到五年。因此，高校大学生的学制为两年到五年，这就意味着每年将有1/5到1/2的老生走出校门，有1/5到1/2的新生进入校园，图书馆每年将由1/5到1/2的新学生成为高校图书馆的新用户，这种用户推荐比例远远高于商业推荐系统，新用户问题必将成为图书馆在未来发展中不容忽视的问题。

（二）新图书问题

随着社会的不断发展，受国家政策、知识体系、教育结构等因素的影响，高校图书馆每年都需要购买大批量的新图书。这些新图书在初入库时任何用户都没有借阅过，推荐系统在推荐新书时缺乏推荐依据。图书馆通常是按照新书的属性对其进行分类处理，按照新书归属的类型将其推荐给特定的用户群体。

（三）数据的极大稀疏性

绝大多数高校图书馆的藏书量是受众群体的百倍之多，且每年高校图书骨干的新增图数量以6%的速率逐年上涨，外界图书数量占高校图书馆藏书总量的75%，导致图书馆历史借阅数据呈现严重的稀疏性。为此，仅依照高校图书馆对外借阅历史记录对图书的借阅信息进行评估，并将该评估结果作为图书推荐的理论依据是不合理的，在无形中会降低图书借阅的质量。

（四）统计学计算判断用户相似性

高校大学生在新入校时会到图书馆办理相关借阅手续。通常情况下，高校图书馆对新用户信息进行统计时，均需要新用户提供其姓名、性别、专业、班级等信息，并将这些信息统一保存到图书管理系统中。相关研究结果显示，用户借阅类型与用户的性别、专业等统计信息之间具有密不可分的关系。相关研究人员可借助用户基本信息之间的相似性，对借阅推荐做出合理的分析与判断，实现对商业推荐系统难的问题有效规避，主要源于部分用户在图书馆等级个人信息时不愿提供个人信息。

（五）根据中图分类法计算图书相似性

图书馆内部所运用的图书管理系统，能够将每本图书的索书号保存下来，为图书推荐工作提供便利。图书管理系统根据图书与图书之间的相似性，将其归属到同一类别，相同索书号的图书归属到相同的学科体系内，同一学科体系内的图书之间具有较强的相似性。因此，如果按照图书分类方法对图书之间的相似性进行计算，高校图书馆推荐系统的计算量远远小于商业推荐系统的计算量，且图书之间的相似性更小。

（六）副本数

与电子书不同，纸质书不受拷贝数量的影响。某本电子书可以被多个用户同时下载和浏览。对于图书馆的纸质图书，如果一册图书全部外借，其他用户只能在归还图书馆后再借阅。

（七）其他因素

例如，本科生可以同时借阅4本纸质图书，借阅期限为1个月，每本书可以续借一次，续借期限为1个月。如果用户已经借了三本书，他只能再借一本。根据用户的借阅历史计算的利息将受到可借阅图书数量的影响。大多数用户更喜欢借用新的（即与他们专业相关的书籍。借书和还书时间所借阅书籍的页数具有密不可分的关系。

五、结论

随着数字图书馆的形成与发展，图书馆推荐系统正逐步朝着个性化、多元化的方向发展，个性化图书推荐系统在当代数字图书馆建设中扮演者重要角色。然而，从图书推荐算法在数字图书馆建设中的应用情况来看，数据稀疏、冷启动、推荐质量等问题有待提升。

第三节　数字人文背景下的图书馆阅读服务

据中国科学院朱敬礼教授表示，柯达已经被埋葬，摩托罗拉、诺基亚、东芝和索尼都在排队等候。沃尔玛关闭了许多门店；李宁关闭了1800多家实体店；在未来的35年里，80%的书店将关闭等等。看到这些数据，一种生存危机的感觉油然而生。

多年来，随着时代的发展，信息环境、信息技术、出版模式、用户需求、用户行为、社会期望等方面都在相互影响和变化，图书馆也在不断调整和完善自身，寻求发展。

在环境方面，图书馆装修场地，装饰花草，安装空调，wi-fi覆盖，定量供应茶叶等服务，为读者营造舒适舒适的阅读环境。

在借阅服务方面，采用信息化的图书馆管理系统，提高图书检索、借阅和归还的速度，开通网站，方便读者网络。

在参考咨询服务方面，图书馆员已开始在网页上设置FAQ栏目，并开发了微博即时回复、微信、QQ群即时回复等有效及时的响应服务。同时，图书馆员还开展了科技创新、检索引文、专题服务、文献传递等业务。

在资源提供方面，除了传统的纸质图书、音像资料和国内外各商家的现代电子图书期刊数据库外，许多图书馆也在努力建设自己的特色资源。

在读者活动方面，图书馆举办各类电影沙龙、书画展和专家讲座。广西图书馆在这方面做得很好。活动每个月都在更新，一些优秀的图画书图书馆也被引进到孩子们的阅览室进行活动和互动游戏。

所有这些都完成了，图书馆还能做些什么来防止读者掉队呢？特别是一些小型图书馆，财政资源不强，人力不足，装修不好，没有空调，wi-fi，图书资料不丰富，数据库资源不强，有什么好？

成功的关键之一是专注于你所知道的，所能做的，所拥有的。无论是小图书馆还是大图书馆，除了书和图书馆工作人员什么都没有。因此，作者认为书籍和图书馆工作人员仍然需要研究。然而，中国公民的阅读量并不令人满意。有人认为这是电子数据时代的必然结果。然而，许多西方国家的电子科技发展比中国先进，但人均阅读量远远超过中国。中国学生已经被大量的不良作业在学校，从小学至高中，努力学习没有乐趣，但事实上，西方学生大量的作业，努力学习的程度与我国相比，更糟糕的是，唯一的区别在于，学生的家庭是发自内心的喜欢。这是很酷。我国中小学的教育质量也进行了探索，所以作为图书馆的助教部门，无论面对的读者是公民还是大学生，他们是否也能学习国外的教育理念，在引导读者发自内心喜欢阅读、学习做点什么？但是一个图书馆，即使只有几本书，一个工作人员，只要用心去做，也能把它做好。

图书馆一直是一个安静的看书的地方。它也是一个娱乐的地方吗？图书馆有许多房间，还有一个特殊的报告厅，供条件图书馆举办讲座。隔音隔音应将房间单独作为图书销售体验活动的专用房间。大多数库都可以做到这一点。如果展馆没有条件，这些活动也可以在室外进行。

阅读体验活动不同于讲座和电影沙龙，在读者的手中，演讲、表演和体验占据了活动的大部分时间，甚至贯穿整个过程。意大利儿童教育科学家蒙特梭利早就有了这样一个概念：你告诉我，我一转身就忘记了；告诉我你在做什么，我就能大致了解；如果你让我自己做，我可以从中得出推论。儿童和成人也是如此。科学研究强调没有大量的实验数据就没有科学发明。然而，图书馆的活动更有趣，它能引导读者通过实验来思考和探索事物。

第二章 现代图书馆服务转型

第一节 服务转型是图书馆发展的必然趋势

"转换"是指事物从一种运动形式向另一种运动形式的转换过程。社会学借用生物学的概念来描述社会结构的演化意义和结构变化。

一、社会转型与图书馆

社会转型是社会结构转型的简称,是社会整体或结构变革和社会转型的本质。借用法国思想家埃德加·莫兰(Edgar moran)的话来说,自我重建是一个频繁的自我毁灭过程,反映了社会自我发生过程与异质发生之间的一般辩证互动。社会转型是一场社会危机。其根本原因是社会失范。没有知识,长期累积特征,短期内很难治愈,和转换不仅是关注社会问题和社会问题的解决,更意味着打破旧秩序,意味着建立新秩序的同时,转换在本质上是一种平衡态到另一个平衡态,是不断变化的方式适应环境的深刻变化。它的变化和发展直接受到经济条件的影响和制约。

在新的世纪。传统意义上的图书馆不能满足用户个性化的需求,多元化的信息资源,我们必须面对当代社会的转型问题。随着计算机信息技术、通信网络技术的不断发展与进步,一系列具有现代化的科学技术被陆续运用到图书馆的建设活动中,使图书馆从传统知识储存函数逐步转变成具有数字化的信息中心,为数字图书馆的形成与构建奠定基础。在社会转型的背景下,图书馆服务的转型工作开展过程应正确把握一下几种关系:

1.知识经济与图书馆之间的关系

"知识经济"一词产生于1990年,是由联合国研究所提出一种新型概念。1996年,apec首次将这种新型经济概念命名为"知识经济时代的'知识经济'"。在整个社会发展浪潮中,学习已逐步演变成人类生存、社会发展的基础性活动。

在知识经济条件的作用下,图书馆信息传递与服务的主要内容是对图书馆进行深度信息处理，帮助科技一线人员及时学习、借鉴和传承有针对性的知识信息。中国科学院院士钱学森同志针对"知识信息"做出如下解释，在新技术革命的背景下，信息是其和兴产物，是应对新技术革命的核心战略决议。在整个信息形成与应用的过程，不仅存在信息收集问题和信息传递问题，还存在信息储存问题、信息整理问题、信息检索问题以及信息供给问题。图书馆是文献信息的中心，该中心不仅能够为广大用户提供所需的文献资料与事实咨询，还能够对文献资源内容实施深入研究与探索，从中整理出更具全面性、整体性的信息。

2.图书馆传统读者服务与现代信息服务之间的关系

在信息社会、知识经济的背景下，人们的物质需求与精神需求不断提升，用户从图书馆获取信息时，不仅需要图书馆能够为其提供所需的相关信息，还需要图书馆为他们提供的信息具有准确性、快速性、广泛性与创新性，传统图书馆服务已经难以满足当代用户群体的实际需求，需要图书馆不断提升自身服务水平与服务质量，实现对各项服务内容的延伸与拓展，不断赋予图书馆新的功能，有效改变传统图书馆的服务方式，并衍生出一系列高层现代信息服务，如学科导航、主题确定服务、网上会商、网络信息资源开发、用户培训等。在"以人为本"发展战略的带来性，图书馆领导人逐步提高对读者自身体验的重视，通过将传统图书馆读者服务为基础，在关注读者服务思想的同时关注图书服务的发行问题，将传统被动服务模式转变为主动服务模式，有效增强图书馆服务的自主能动性，为广大用户提供更多的便利。在传统图书馆所提供的读者服务系统中，首先需要保证图宿管管理员拥有相关专业知识，了解与该专业有关的图书信息，正确把握图书馆收集内容；在现代信息服务的背景下，图书馆管理员在读者服务系统的基础上，还需要灵活运用计算机技能，通过现代化信息技术帮助读者找到所需的文献资料，并为读者提供相应的咨询服务，为读者使用搜索参考书提供行动指南。在未来社会的发展建设中，现代信息服务必将成为未来图书馆建设工作的工作要点，在整个建设工作中我们应当正确认识到传统读者服务与现代的信息服务之间的关系，并在发展中科学处理好传统读者服务与现代信息服务之间的关系，使传统读者服务与现代信息服务能够长期共存，使图书馆在未来发展进程中能够发展成为一个具有复合性的图书馆，充分发挥传统读者服务与现代信息服务的应用优势，使传统读者服务与现代信息服务能够相辅相成、共同推进。

3.数字化建设与队伍建设之间的关系

在现代化社会发展进程中，数字化图书馆成为当代图书馆建设的重点内容，通过将现代化科学技术运用到图书馆建设活动中，使图书馆朝着数字化、信息化、智能化、一体化的方向发展。为此，当代图书馆首先需要做好人才队伍的建设工作，全面打造一支高素质、高水平、高能力的图书馆建设队伍，确保每一位图书馆建设人员均能够灵活运用现代化科学技术开展相应的图书馆建设工作。现如今，在现代化科学技术的作用下图书馆已开启一系列的信息化服务，例如网络咨询、sdi服务、网络信息资源的发展、收集特色数据库建设等，无论是何种功能的开发与应用，均需要一批专业开展现代化信息服务的建设人才，这些专业人才不仅能够灵活运用计算机操作技术，还拥有较高的外语水平，拥有某一个专业领域的专业知识，并具备广泛的科学文化知识，例如人文科学知识、自然科学知识等，同时兼备指能力与信息检索能力。在整个现代化图书馆建设过程，数字化图书馆的建设工作具有较强的长期性与复杂性，需要图书馆相关负责人深化图书馆数字化人才队伍的建设工作，定期对图书馆管理人员进行培训，使图书馆管理人员均能够树立终身学习意识，不但完善图书馆管理人员的知识结构，并在人才培养的过程做好人才保留工作，使全体图书馆管理人员均能够树立共同的理想与信念，让图书馆管理人员能够从工作中感到满足。留住有感情、有事业、有待遇的人，是新时期图书馆队伍建设的关键。

4. 馆藏资源与网络资源之间的关系

在图书馆建设发展进程，无论是传统图书馆读者服务，还是现代图书馆信息服务均无法脱离信息资源而存在，信息资源不仅能够为图书馆读者服务的开展奠定基础，还能够为现代图书馆信息服务的实施提供有力保障。在整个图书馆建设过程，若缺乏信息资源，图书馆所开展的一切服务活动均将成为泡沫，图书馆这一物理形态也将不复存在。图书馆服务无论是信息服务，还是知识服务，均需要借助多种多样的物质载体，实现对馆藏资源的保护与拓展，最大限度满足用户的各种需求。图书馆在建设过程，需要将收藏资源建设共组全面落实到位，结合现实馆藏和虚拟收集收集系统，与此同时，我们应该加强对网络资源的收集工作、挖掘工作、整理工作和存储工作，实现对现有资源的弥补与扩充，最大限度满足广大用户群体的各种需求，积极做好图书馆服务的转型与升级工作。

二、新技术为图书馆服务转型与升级提供了技术保证

在现代化社会发展的背景下，数字化技术、网络化技术等现代化信息技术在图书馆中的应用与推广，将传统图书馆转变为现代化图书馆，使图书馆能够成为一个具有信息化的共同体，最大现代实现信息共享的全球化发展趋势。随着社会的不断发展，各种各样的现代化信息技术、新产品被广泛的运用到图书馆服务转型活动中，为图书馆的建设与发展提供技术支撑。

1. 网格技术在图书馆服务转型活动中的运用为其提供强有力的基础支持

在现代化社会发展的背景下，网格技术是当代社会发展的重要产物，是近年来世界上的一种新兴技术。网格技术容Web技术、互联网技术、高性能计算技术等多种现代化信息技术为一体，通过借助这些结束构建一个具有虚拟性的网络环境，借助开放标准，在特定的环境下实现资源共享、协同发展，有效消除信息资源的孤岛效应。通过将网格技术运用到图书馆建设活动中，充分发挥网格技术强大的动态服务功能、分布式系统功能以及处理异构资源的功能，有效实现互联网资源的信息共享、实现人机交互与人工智能、实现复杂系统综合集成，有效解决信息安全等问题，为数字图书馆的建设与发展提供一个全新的跨系统集成服务平台。

（1）网格技术与数字图书馆的共有特征

在网格环境中，网格中的每一个数字图书馆系统或者是数字图书馆联盟系统均呈

现相对独立的局面，是向用户提供资源和服务的节点之一。各节点通过网络互联和网格技术实现资源网格，旨在实现资源共享和协同应用。网格技术与数字图书馆之间具有许多相似的地方，例如研究目标的一致性、研究内容的一致性、研究方向的一致性、支持相同的规范与标准。

①研究目标一致性

在网格技术研究过程，将实现资源共享、消除信息资源的孤岛效应为出发点与落脚点，继而构建一个"一站式服务体系"，通过借助该服务体系能够为用户提供一体化供给服务，最大限度满足用户在图书馆借阅过程的物质需求与精神需求。"资源共享"是数字图书馆建设的根本目的，近年来知识服务功能备受数字图书馆研究人员以及数字图书馆建设人员的重视。现如今，广大社会群体认为数字图书馆建设活动不仅能够为用户提供所需的信息，还能够有效解决用户在图书借阅过程所存在的问题。数字图书馆在整个服务过程需要将用户目标作为知识服务的行为导向。因此，网格技术与数字图书馆建设的研究目标具有较强的一致性，均是将实现资源共享，做好知识服务为目标，全面消除信息资源的孤岛效应。

②研究内容一致性

在网格技术研究工作中，需要将储存资源代理与元数据目录作为主要的研究内容，主要涉及元数据目录来存储、信息资源网格索引等内容，储存资源代理能够有效实现对储存资源的异构性的屏蔽工作，借助元数据目录对所有资源信息实现统一管理，为广大用户群体创造一个多维度、统一的数据访问端口，有效提升数据的访问量。因此，网格技术的研究工作主要集中在数据访问研究、数据储存研究、数据复制管理研究、元数据管理研究、数据安全研究、数据产学研究等多个方面，通过对数据访问、数据储存、数据复制管理、元数据管理、数据安全、数据产学进行研究，并对各个环节做好相应的规划与整理工作。数字图书馆技术在研究过程主要围绕信息资源的创建、存储管理、发布、访问与查询、安全管理与系统权限这五个方面开展。通过对比分析，从中我们能够直观的了解到网格技术与数字图书馆在研究过程其研究内容具有较强的一致性，均为围绕数据信息的访问、储存、管理、限权开展。

③研究方向的一致性

网格技术是一种现代化智能技术的衍生物，满足个性化服务的各种的需求，拥有智能化与个性化服务特征。数字图书馆系统的形成与构建离不开现代化智能技术的支持，在现代化社会发展进程中需要满足广大用户群体的个性需求，需要将智能化技术与个性化服务作为重要发展方向，不断做好信息制定工作以及信息自动化推送工作。因此，网格技术与数字图书馆在研究方向上具有较强的一致性，均是将智能化与个性化服务作为未来的发展方向。Grid努力为用户提供友好的界面、易用的服务、灵活的操作、活跃的系统平台。

④支持相同的标准和规范

无论是网格技术，还是数字图书馆在整个构建过程均需要 SOAP、XML、UDDI、WSDL、CORBA 等标准与规范为其提供支持。因此，网格技术与数字图书馆所运用的标准与规范具有相同性。

（2）网格技术在现代图书馆服务转型中的应用优势

网格技术在现代化图书馆服务转型工作中的应用，为现代化图书馆建设的转型活动提供了统一的构建平台，为现代化图书馆的信息集成提供可能，有效实现数字图书馆的信息共享，为海量数据信息的处理工作提供便利。因此，网格技术为现代图书馆服务转型提供了提以下条件：

①网格技术为现代化图书馆服务转型工作提供统一的构建平台

网格技术所借助的平台以及所传递的资源具有共性性，这些平台与资源分布在不同的计算机集成系统中，该系统是一个具有逻辑性的整体，通过将该系统为基础将一些应用程序安装到上面，能够为数字图书馆的各项建设活动奠定信息基础。网格技术借助现有网络基础设施，创建一套全新的互联网信息平台与软件基础设备，为广大用户群体创造一个具有集成化的智能信息平台，通过分布式处理方式实现对信息的加工与处理，使现代化图书馆服务具有智能化与协同性。

②网格技术为现代图书馆的信息集成创造可能

在整个图书馆建设进程过程中，传统图书馆到现代图书馆的转变是一项庞大的工程，具有较强的系统性与复杂性，涉及内容众多，只有从多视角、多层次出发，全面落实图书馆的构建工作，才能够保证图书馆管理系统的正常运行，为整个图书管理的智能化发展提供保障。在高速互联网发展的背景下，网格技术借助互联网整合技术将不同地域的资源整合到一起，充分利用计算机资源管理能力与计算机服务能力。

③网格技术实现数字图书馆资源共享

网格技术是第三代互联网网格技术，将网络资源的全面整合到一起。将散布在不同区域的空闲资源统一的整合到一起，苟安一个庞大的"虚拟超级计算机"，科学处理计算机在运用过程所存在的能力问题，实现多种资源的相互联合，最大限度实现资源的全面共享。网格可以凭借单个系统印象将多种信息资源统一的整合到一起，使信息资源能够朝着智能共享的方向发展。通过将该技术运用到数字化建设活动中，可以大大提高数字图书馆资源的利用率，有效消除图书馆建设过程的孤岛效应。

④网格技术为海量数据处理工作提供便利

网格技术拥有超强的计算能力，能够对海量数据信息进行科学计算、准确分析、合理处理。网格技术能够将不同地理位置的计算机科学的连接到一起，使其形成一个庞大的计算机系统，有效提升计算机的计算能力。通过将网格技术运用到数字化图书馆建设工作中，能够为海量数据处理工作提供可能。

2.云计算开辟了图书馆全新的服务模式

"云"有很好的前景。目前，云计算有很多成功的案例。例如，苹果使用 I Cloud 使得拥有 apple series 更加方便。2008年，《华盛顿邮报》使用 AmazonEC2 在 9 小时内提供了 1407 小时的虚拟服务器时间。

云计算服务可以与软件、Internet 或其他服务相关。云计算的核心思想是统一通过网络连接的大量计算资源的管理和调度，形成计算资源池，为用户提供按需服务。

提供资源的网络称为"云"，用户可以无限扩展"云"中的资源，这些资源可以随时获取、按需使用、随时扩展、按需付费。云计算行业有三个层次：云软件、云平台和云设备。

云计算是近年来新的计算技术的兴起，它是存储和高效的网络解决方案，因此，受到了广泛关注的图书馆，云计算将给图书馆服务带来前所未有的变化。

云计算能够根据用户的需求，YunPing足够快的为公众建立不同主题、不同内容的数字图书馆。

（1）云计算技术赋予图书馆全新的应用内涵

①动态优化

云计算是一种新兴计算机技术，是现代化科学技术发展的重要产物，能够实现对数字资源的优化与整合，并做好对各项资源的再分配工作，并将各项资源储存到"云海"中，为用户提取信息提供便利，使广大用户能够随时随地的提取信息、使用信息，为信息使用与储存提供便利，且这种技术具有较强的安全性与便捷性，能够根据用户的个体需求，为其提供便捷的服务，确保服务内容的针对性，为用户提供动态资源分配，构建一个庞大的信息系统基于云计算，在云计算环境下，图书馆应打破地理和行政格局，广泛联系，形成图书馆联盟，综合运用云计算技术，将虚拟环境为媒介，借助动态优化技术，为广大用户群体创造一个动态优化的信息资源共享平台，使图书馆服务朝着动态化方向发展。

②高效低碳

云计算技术在图书馆管理体系中的运用，实现对传统图书馆服务系统的更新与拓展，此种服务具有较强的高效性与便捷性，为图书馆的建设与发展提供有力支持。比如谷歌在世界所有地区应避免设置大量的服务器集群，即使是一些形式堪比谷歌的谷歌服务器集群大小。在云计算的计算过程，可将资源充足为基础，有效提升服务的高效性与快捷性。

③智慧共享

智慧共享是云计算的重要特征。纵观现代化信息技术的发展进程，从起初的并行计算，发展到网格计算，再到现如今的云计算，整个信息技术的形成与构建均朝着智能化的方向发展。现代化图书馆建设也是如此，通过将云计算技术运用到现代图书馆建设活动中，能够使图书馆的各项服务活动更加的智能化，最大限度实现资源共享，进而达到智能共享。每个库都由互连的库网络支持。通过网络协议实现图书馆间借阅和资源共享。整个行业就像一片云海。

④一般平等

在现代化社会发展进程中，图书馆将逐渐朝着公平化、免费化、便捷化的方向发展。确保每一个社会群体均能够享有平等阅读的权利，使图书馆建设能够成为途径城乡区域发展的重要推动力，有效缩小地域差距，做好统筹规划，构建一个多为一体化信息共享平台。国际图书馆界普遍享有信息自由和普遍享有平等服务的普遍价值将尽快实现。

（2）云计算时代图书馆的深刻变革。

从分散到积分。图书馆与云计算混合后被支离破碎的情况将会有一个伟大的改变，因为每个图书馆在云计算平台上运行，资源，数据融合已经成为相当简单，图书馆服务特点的基础上，通过广泛合作，实现云计算在互联网平台上实现资源的合理分配，以及交换所需商品，不断扩展，密集。

三、信息服务业异军突起挑战图书馆服务

现代网络技术使人类在传统的时间和空间的限制，充分体验在互联网世界无限自由，信息和通信技术的快速发展是一个强大的力量，当代社会生产力的发展，在此基础上理解，20世纪结束的时候，世界各国纷纷提出了"信息高速公路规划与建设"的"信息社会"战略目标，旨在利用高新技术，加快经济发展。在21世纪经济全球化的进程中确立竞争优势。党和政府也不失时机地提出了推进我国国民经济和社会信息化的战略任务，大力推进国民经济和社会服务各部门信息网络建设。

信息服务业包括系统集成、增值网络服务、数据库服务、咨询服务、维护培训、电子出版、展览等服务。信息服务主要是指软硬件产品推广应用的服务过程，包括网络信息服务和专业：计算机服务，但软硬件产品销售除外。网络信息服务是指通过互联网信息服务，包括互联网服务（ISP，即通过电话线、同轴、光纤或无线方式，如用户的计算机或其他设备连接到互联网），互联网内容服务（ICP，即提供服务，如互联网信息搜索、排序处理），网络应用服务（ASP，企事业单位提供各种信息化建设，专业的计算机服务包括系统集成、咨询、培训、维护和设施管理服务。

信息服务业是信息产业的软肋。信息服务业是从事信息资源开发利用的重要产业部门，属于第三产业。信息服务业是介于信息装备制造业和信息用户之间的中间产业。信息服务业的发展不仅是一个产业，也是一个产业问题。

目前，信息服务业在GDP中的比重也在上升。近年来，中国政府出台了支持信息服务业发展的相关政策。

近年来，我国信息服务业发展迅速，增速远高于经济平均增速。同时，需要注意的是，我国信息服务业仍处于起步阶段，在信息产业市场中所占比重较小。随着我国信息化进程的加快，未来信息服务业有望继续快速发展。

与全球信息化的快速发展、网络信息服务行业，它改变了过去单一机构图书馆信息服务模式的基础上，互联网信息服务提供者系统灵活、先进的服务手段，越来越多的读者关注这些服务，如通过各种搜索引擎来找到你需要的信息，有各种各样的专业知识服务供应商的各种数据库和链接，如"中国净""读秀学术搜索""重庆维普"一万年"数据"等。这些竞争对手无疑给图书馆的服务带来的挑战，并转换的驱动力的图书馆的服务模式。图书馆必须寻求新的途径，充分发挥自身优势，不断创新服务内容，实现图书馆的质的飞跃。

四、用户需求是图书馆服务转型的内动力

图书馆作为信息服务机构。因此，对用户需求的研究是改进和改进图书馆工作的前提。现代计算机技术、网络技术和网格技术的成就，极大地改变了人们传统的观念和工作方法，给人们的环境带来了前所未有的变化。一种新的网络生存方式逐渐进入人们的日常生活，并逐渐被人们所适应和接受。对于为用户提供文档信息服务的图书馆来说，不仅要积极地整合新环境，扩大功能，而且要认真研究当前环境下用户需求的变化，以便更好地完成工作，为用户提供更优化的服务。

1. 图书馆服务对象的变化

读者可以分为宏观与微观。从宏观视角分析，但凡拥有阅读能力以及开展阅读活动的社会成员，均可将其称为"读者"。从实际的社会生活来看，无论是图书馆，还是文学出版部和文学出版部，或者是其他文化宣传部门均拥有读者。读者不仅是开展阅读活动的主体，还是印刷品以及作品的主要宣传对象。因此，在整个社会组织中但凡拥有阅读能力、阅读行为的，能够接受信息作用的人均被称之为"读者"。从微观视角来看，"读者"是指拥有阅读能力且从事图书馆阐述活动的社会成员。

如果将"读者"是相对于文献而言的，那么用户则是一个业务术语，但是在这里用户是相对于信息的。

什么是用户？信息服务将信息作为内容的一种服务型业务。信息服务的对象是一种拥有客观社会需求的主体，例如社会成员、社会组织等。在整个服务活动中，服务的主体被称之为"用户"。在图书馆或者是信息部门所开展的文献信息服务活动中，"用户"一词通常是利用信息开展技术、科研、文化、管理、生产等活动的个人或者是群体，其中活动个人被称为"个人用户"；活动群体被称为"组用户"。在整个信息传播活动中，"用户"是拥有信息传播功能，且拥有信息传播需求的社会组织或者是个人。

总而言之，"信息使用者"是一种拥有社会需求，且能够实现社会信息互动的社会成员，例如个人、群体。

在新时期发展的背景下，图书馆的服务对象正在逐步发生转变，即从原有的读者转变为用户，从读者服务转变为用户服务，这种转变正是传统图书馆朝着现代化图书馆转变的核心内容，即传统图书馆服务观念以及传统图书馆服务意识的根本转变。通过转变传统图书馆服务观念与传统图书馆的服务意识能够有效提升当代图书馆的信息服务功能，有效开阔现代图书馆的服务对象以及现代图书馆的服务范畴，使传统图书馆的读者服务功能能够朝着现代化的方向发展。

读者服务社会化进一步发展了图书馆的社会功能。以高校图书馆为例，图书馆不仅可以向社会提供以载体单位为载体的知识输出服务，而且能够为社会生产、社会文化和科学以及决策服务提供助力。

2. 现代图书馆与用户的新型关系

数字图书馆的服务范围日益扩大，服务边界越来越模糊。信息供应和通信模式具

有多方向、共享、交互和实时性的特点。用户信息需求的复杂性与日俱增。新的认知环境促进图书馆员和用户之间的沟通产生相应的变化，服务和被服务的关系逐渐从面对面的服务，远程，虚拟服务，服务层次从文献服务到信息服务再到知识服务。

现代图书馆与用户的关系主要呈现出以下几个特点：

（1）服务虚拟化

数字用户群的组成发生了巨大的变化。其中，大量虚拟用户的出现图书馆服务朝着虚拟化的方向发展。在互联网技术的作用下，图书馆不仅可以利用自身或自建的数字馆藏资源，还可以利用电子邮件资源、网络新闻资源、FTP资源、WWW资源、Gopher资源等互联网资源。这种虚拟化的服务工作虽然大大减少了图书馆与读者和用户面对面的直接接触和交流的机会，但它突破了时间的限制，极大地方便了读者和用户。

（2）信息资源的双向共享性

从传统图书馆的构建与发展情况来看，图书馆同用户之间的关系大体呈现一种"供求"状态，图书馆为用户提供资料、文献、数据的借阅平台，用户更具个人需求向图书馆提出相应的借阅申请，并在特定的环境的作用下完成资料、文献、数据的借阅活动与归还活动。从信息资源共享视角分析，需要将传统图书馆管理模式为基础，实现图书馆与图书馆、图书馆与信息部门之间的信息联合，有效提升资源的利用率，构建多元一体化信息供给平台，有效打破传统单向信息资源供给的局限性。在互联网技术的作用下，使图书馆的各项建设活动有效打破原有的孤立局面，实现多领域的跨界联合，及时做好图书馆信息资源的补充工作，并构建图书馆与用户之间的双向信息交流平台，有效增强图书馆与用户之间的沟通与交流，用户与图书馆可以共同促进和发展。

（3）角色与服务之间的交互性

在现代化科学技术的作用下所生成的互联网技术，具有较强的非线性、发散性以及交互性，通过将现代化互联网技术运用到图书馆建设活动中，能够创建超文本阅读模式，赋予图书馆新是功能与价值，使用户从中获取全新的应用体验，实现对传统阅读行为的优化与整合，有效提升图书馆服务的价值与性能，有效激发用户的想象力与创造力，充分调动用户的阅读欲望，使用户能够积极主动的参与到阅读活动中，不断做好现有阅读群体的巩固工作，并在现有阅读群体的基础上不断扩大受众群体。在互联网技术的作用下，构建"互联网+图书馆"应用模式，能够使图书馆与用户群体之间构建固定的信息交流关系，全面了解用户在阅读过程的各项需求，并做好用户信息的锁定工作，实现对用户需求信息的自动化搜索、过滤、分析、处理与整合，有效拉近图书馆与用户群体之间的距离，从近距离面对面的服务发展到远程服务。用户可以快速提取所需的信息从图书馆提供的信息资源直接在终端通过网络，减少了用户操作的盲目性，使图书馆和用户拥有良好的沟通在推动和提取的信息，并使信息变的更加平滑。

（4）程序异步与时间同步

在"互联网+"的背景下，通过将互联网技术运用到图书馆建设活动中，能够使图书馆朝着现代化、数字化、智能化的方向发展，实现图书馆信息与用户信息的交互集成，最大限度提升信息资源的利用率，提高信息资源的流通速率，达到程序异步与时间同步的应用效果。在现代化图书馆建设过程中，用户利用现代化科学技术开展信息资源借阅活动，首先需要到图书馆主页注册一个用户账号，利用个人专属的用户账号在图书馆管理系统中寻找各项信息资源，有效拉近信息与用户之间的距离；用户通过利用图书资源检索功能与筛选功能，从图书馆信息资源数据库中查找到自己所需的信息资源，整个查找过程使信息资源的异步过程；只要图书馆服务系统能够正常使用，图书馆的用户即可利用互联网技术对图书馆进行访问，并在图书馆信息系统内部查找多所需要的信息，整个查找活动不受时间、地点的限制，具有较强的灵活性与便捷性。

3. 现代图书馆用户的需求

在"互联网+"的作用下，计算机技术、移动通信技术已经成为当代社会发展的重要基础，能够为社会的发展、人类的进步提供重要支撑。通过将互联网技术运用到图书馆的各项管理活动中，能够使图书馆馆藏工作朝着多元化、全球化的方向发展，受语言、文化、地理位置等因素的影响，不同的地区、不同民族的人在图书馆借阅过程用拥有不同行为需求，因此图书馆用户需求具有较强的复杂性，对图书馆服务提出更高的要求与标准。在新时期发展背景下，图书馆如何最大限度的满足用户需求成为当代图书馆建设与发展的重要出发点与落脚点。

图书馆从封建图书馆向现代图书馆的演变是一个不断发展和变化的过程，以满足读者的需要。读者需求的变化将直接影响到数字、读者需求信息的广度和深度，发生了根本性的变化，提供的信息的质量要求更高，文学不再是信息的主要来源，电气、电子文档，需求增加，同时，读者信息需求不满意纯粹文学提供的信息，但信息挖掘的需求，开发和利用的知识内容，要求图书馆专业、个性化的信息服务，面对读者的需求和市场的竞争和新技术，图书馆应不断创建新的服务方法和形式小说为读者提供信息服务。

第二节　图书馆服务转型的信息资源基础

随着社会的不断发展，互联网技术日益提升，有效推动社会的发展与进步。在新时期发展的背景下，一系列先进的科学技术被陆续运用到社会发展的各个领域，使人们的生产、生活朝着智能化、数字化、网络化的方向发展。在数字化信息技术的作用下，网络已经成为信息资源重要传播的承载体，通过将其运用到图书馆建设活动中，有效带动图书馆行业的发展与进步，将数字资源为核心，数字资源基地和基于各种高新技术的数字资源基地群。正是这些数字信息资源满足了特定群体的深层次需求，为现代图书馆服务的转型奠定资源基础。

一、人类信息记录与储存方式的变革

在现代化社会发展的背景下，人与人员之间的沟通与交流日益密切，所生成的信息交流载体正逐步朝着多样化的方向发展。然而，从社会发展进程来看，信息的储存方式与信息的记录方式是实现信息沟通与交流的重要载体，在当代社会发展的背景下，数字化将会成为人力信息记录与信息储存的重要发展方向。图书馆作为负责收集和传播文献信息的场所，自然成为了文献信息中心。

直到19世纪，人类技术和信息技术才发生了重大变化。照相机的出现使录像成为可能。1839年，b. 英国人ancer用摄影技术创造了世界上第一个显微形态，是显微镜的先驱。20世纪30年代，在众多研究学者的研究与探索中，特将"缩微形式"运用到图书馆馆藏建设工作中，并将其逐步演变成为图书馆馆藏建设的重要组成部分，并成为图宿管馆藏文献中的第三种文献类型。计算机信息技术尚未普及之前，微型化曾是图书馆文献信息技术发展重要方向之一。

随着照相技术的产生与发展，人类实现对图像的连续记录。因此，一种新型的视听文学被添加到图书馆的馆藏中：视听文学，包括早期的照片、记录片、幻灯片、电影等。

自计算机产生后，人们开展信息传播与信息记录的方式发生了翻天覆地的变化，逐渐演变为电子文档。随着电子技术的飞速发展，所有的文字、图像和声音都可以很容易地转换成计算机能够分析与处理的二进制数，并将转换好的信息以数字形式保存下来，并为信息的传输活动提供助力。

"文献资源数字化"这一概念最早产生由国会图书馆。1989年，被成为"记忆"数码的项目被美国国会图书馆开启，主要针对美国主要的历史、文献、地图等资料进行编辑，尽可能在不借助电子技术的情况下实现对信息的数字数字格式存储，供研究人员或者是一般读者使用。

信息可以动态存储在"网络空间"，而不需要依赖固定和固定的物质载体。电子文献的出现，尤其是数字技术的飞速发展，彻底传统纸质媒介的垄断局面，使信息资源朝着数字化的方向发展。

二、信息资源的相关界定

1. 信息资源的概念

"信息资源"顾名思义，这一词由"信息"与"资源"两部分构成，是"信息"与"资源"的整合体，是一种全新的组合概念。《现代汉语词典》将"信息"定义为"创建一切宇宙万物的最基本万能单位"，将"资源"定义为"生产或生活资料的自然来源"。但是在学术研究界，无论是对"信息"一词的定义，还是对"资源"的定义均存在诸多争论，以及对这两个词的法律结构的理解（无论是偏颇结构还是平行结构）。信息资源与资源型信息的区别是什么？

根据目前的观点，信息和信息资源可以看作是同义词。在英语中，当单词"re-source"处于单数状态时，"resource"是指信息本身。在某种特殊状态性，尤其是当"信息"与"资源"两词同时重选时，需要将各词语的意义与界定严格的区分开。"信息"是一种具有普遍性特征的，但是在"信息资源"体系中并非所有"信息"被纳入"信息资源"，只有通过人类加工，才被利用的信息被称之为"信息资源"。在英语语境中，"resource"处于复数状态时，将指信息的收集人员、信息设备等。我们相信，信息资源是已知或未知的信息集，可以直接或间接地由人类开发和利用存储在运营商（包括大脑）。它包括具有原始特性的信息资源、具有潜在特性的信息资源，经过被主体感知处理的信息资源。在整个信息资源构建中，主体信息与载体信息使其最基本的组成部分。

信息涉及内容相对比较广泛，例如知识、智力、能力等，是一种特殊在资源观念，且这种资源观念能够追溯到古代。但是，将信息（知识和智力）与物质资源和能源等同起来的思想，作为社会发展、人类进步的重要推动力。信息形成与构建的原因有很多，从本质视角可将信息划分为两个组成部分，即社会资源积累到一定程度后所达到的一种临界观念、信息资源的定性与积累受到来自社会综合因素的刺激。

无论是非"文本"、非文献信息等这些主观知识，还是"文本"、"文献信息"等这些客观知识均属于资源的范畴，这些主观知识与客观知识同人类认知以及人类能力相比，主观知识与客观知识这些资源使一种有限资源的且具有可再生性与潜在性的资源，人类认知与人类能力这种资源是一种无线的具有可再生性与明显性的资源。

通过将信息资源同其他资源进行比较、分析，从中我们能够直观的了解到："信息资源"起源于美国，是20世纪70年代信息资源管理研究的重要产物。20世纪80年代，随着我国改革开放政策的实施，"信息资源"与其他众多理念、技术、工艺被引入我国社会发展浪潮，并在我国学术界受到广泛关注。虽然"信息资源"这一概念在人类社会发展进程中并没有过长的发展历史，但是在我国现代化社会发展进程中，同物质、能源结合到一起，成为社会发展的三大能源之一，并在社会发展进程中扮演者重要角色。在国际化发展进程中，哪一个国家能够充分掌握现有资源，实现对物质资源与能源资源的合理利用，便能够在国际竞争的浪潮中占据主导地位，有效提升自身发展在国际市场中的竞争力与发展力。

2. 信息资源的科学的意义

通过分析对比得知，"信息资源"同"物质资源"、"能源资源"共同拥有"资源"的特有属性，这些属性主要表现在以下九个方面：

（1）将人的需求作为生产要素

"将人的需求作为生产要素"是资源的根本属性，更是信息资源的根本数形。信息资源的产生与发展离不开人类的进步与社会的发展，但凡人类从事经济活动均需要将特定的生产要素投入其中，由生产要素为人类的经济活动提供有力支持。从传统社会发展进程来看，在物质经济活动中主要将劳动力、劳动工具、生产原料作为物质资源与能源资源的投资载体；从现代社会发展进程来看，在现代信息经济发展中主要将信息技术、信息劳动力以及信息作为信息投资的承载体。人类是社会发展进程中的一种重要生产要素，拥有特殊的信息需求，主要源于多种形式信息本身就是一种十分重要的生产要素，这种生产要素不仅能够通过生产价值来实现，还能够通过重要信息加工来实现，在生产要素的相互作用下，能够实现对生产要素信息机制的翻倍处理。

（2）资源匮乏

信息是庞大的，但资源并不是绵延不绝的，因此，信息资源具有一定的稀缺性。主要源于信息资源开发需要付出相应的成本，这些成本设计众多具有稀缺性的经济资源，经济活动需要信息资源的支持，那么就需要相应的经济成本为其提供支撑。在特定时间、特定空间等条件下，受人力资源、物力资源以及财力资源的限制，部分经济活动难以顺利展开。若信息资源不仅拥有经济意义，还能够拥有丰富性，在信息资源的开发过程必将不会产生人力资源、物力资源以及财力资源的投入问题。在特定资源条件以及特定的技术条件的作用下，无论是何种信息资源均有其固定的总效用。信息资源每次被运用到经济活动时，信息资源的使用者均能够从总效能中获取一定程度的收益。随着信息资源使用频次的不断增加，信息资源的总效用必然会有所下降。当信息资源的总效用下降大"0"时，信息资源的社会价值与经济价值将不复存在。信息资源的这一特定同资源的稀缺性具有较大的相同之处，尽管信息资源配置形式有所不同，但是整体发展趋势并没有过大的变化，均是随着使用次数的增加而逐渐递减。

（3）智能性与全面性

信息资源是一种具有智能性与全面性的资源。信息资源作为人类发展、社会进步的重要产物，是人类文明的重要表现。在信息资源的形成与构建过程，信息的经济效能与社会效能同人类智力因素具有密不可分的关系，人的智力因素直接决定着信息资源的数量与质量。在人类生产生活中，情报同样属于信息资源的范畴，是一种特殊的信息资源形式。

（4）关联性与全面性

从信息资源在社会生活中的实际应用情况来看，信息资源并不是一种孤立存在的资源，而是一种同其他信息资源之间拥有密不可分关系的资源，不仅能够将社会生产力直观的反映出来，还能够同相关资源有机的联合成一个具有系统性、完整性的整体，为资源的提取与应用提供便利。一种信息资源的开启为另一种信息资环的开放与创造提供可能，这是当代社会发展中一种信息资源开发的普遍现象。因信息资源拥有全名性，需要人们对自然科学信息资源资源进行开发和利用的过程，同时对社会科学信息资源以及人文科学信息资源给予高度的关注，将社会科学信息资源与人文科学信息资源的开发与应用工作全面落实到位，深入挖掘各种资源的社会价值与经济价值，和善于发现和挖掘信息资源的社会价值的各种信息资源的互动与渗透。

（5）不平衡性与不可分割性

信息资源不平衡、不可分割。由于人的认知能力、知识储备和信息环境不同，其信息资源也不同。同时，由于社会发展水平的不同，信息资源的开发也不同，信息资源在地球不同地区的分布并不均衡。

（6）多领域的综合反映

信息资源能够将一个国家、一个民族、一个地区、一个组织的政治情况、经济情况、文化情况、科技情况、生态情况等综合的反映出来。信息资源由多种要素共同组合而成，能够将某种事物的某一个方面进行直观的子线，通过将多种元素组合到一起就能够形成一个完整的资源体系。因此，信息资源能够将多个领域的发展情况综合的反映出来，并实现对信息资源的统一管理，防止信息资源遭到不必要的分割与破坏。

（7）社会性与经济性

社会性与经济性是信息资源的一大特征，是信息资源的社会价值与经济价值的重要表现。信息资源的形成与发展需要依靠庞大的智力劳动来实现，通过智力劳动的生成与积累、整合与配置、开发与利用，实现对信息资源的开发与创造。因此人类的智力劳动直接决定着信息资源的生产情况、建设情况、传播情况以及利用情况，整个智力劳动的开展过程均需要相应成本的支出，从而赋予信息资源特定的价值属性、价格属性、效率属性以及效益属性，将人类智力劳动的开发成果同信息资源的深度与广度、真实性与适用性紧密的联系到一起。

（8）传播与共享的有限性

信息资源的传播和共享有限。信息资源只是信息中非常有限的一部分。信息资源总量与人类的信息需求总量相比，二者长期处于一种不平衡状态，即人类的信息需求总量远远大于信息资源的现有总量，信息资源总的有限性极为突出。从本质视角分析，信息资源所拥有的局限性是由人类智力的局限性决定的。有限性要求人类必须从全局出发合理安排和共同利用信息资源，最大限度地实现资源共享，从而促进人类和社会的发展。

（9）重复使用性

信息资源与其他资源相比，这种资源不同于一次性的材料和能源资源。一般来说，信息资源可以多次重用，并且可以复制和重复。信息资源一旦产生和利用，就会成为全人类共享的取之不尽的财富。可以说，可共享性是信息资源与其他资源种类相区别的本质属性。

3. 信息资源的种类

信息资源拥有多种不同的类型，按照不同的标准可将信息资源划分出不同的资源类型类，具体表现如下：

（1）根据开发程度对信息资源进行划分

根据信息资源的开发程度可将信息资源划分成两种资源类型，即智能信息资源与现实信息资源。

①智能信息资源

智能信息资源是一种在人类大脑进行认知过程与创造过程所生成的一种信息资源，这种资源主要涉及三个方面的内容，即知识资源、技能资源与经验资源。尽管智能资源能够被个人使用，但是这种资源使一种有限的且具备可再生性的资源，会随着人类记忆的弱化出现遗忘现象，最终使这种资源从人的大脑中消失。另外，这种资源是个人所拥有的，无法被他人进行直接使用的一种资源。随着社会的不断发展，现代咨询业逐步兴起，智能信息资源在信息资源体系中所占据的地位越来越高，这种信息资源需要依靠政策规章、法律制度、组织结构对其进行管理与控制。因智能信息资源被储存在人的大脑中，多数内容只能被理解、说不出来。因此，这是相当困难的管理。在实践中，我们应该积极学习来自他人智力功能所产生的智能资源成果。

②现实信息资源

现实信息资源是一种具有实体性、能够看到的资源，主要涉及口语、肢体、文学、物理四个方面的内容。其中，"口语信息资源"是一种通过口语表达所产生的一种资源，这种资源并没有被详细的记录下来，在特定的场所被直接使用，并可以通过传递给更多的人来使用。"文档信息资源"是一种被记录到特定表现载体的上的信息，是多种形式、内容的总称，例如语言信息资源、文字信息资源、数据信息资源、图像信息资源、音频信息资源、视频信息资源，这些资源分布将语言、文字、数据、图像等特定的媒介作为信息资源的记录载体，不依附于人类的物质载体。它用保持性、可利用性、可加性、系统性、累加性特征。"文献信息资源"是一种由信息源、信息系统、信息服务共同组建而成的资源形态。"肢体语言信息资源"是人类通过表情、手势等方式将某种信息传达出来所呈现出来的资源形态，这种资源通常拥有特定的文化背景，例如舞蹈、武术均属于典型的肢体语言信息资源。物理信息资源是指由物理对象本身存储和表达的各种样本、原型等。

（2）根据管理标准对信息资源进行划分

根据管理标准对信息资源进行划分，可将其分为两种类型，一种是可记录的信息资源，另一种是材料型信息资源。

①科技路的信息资源

可记录的信息资源是一种能够同种某种媒介记录下来的资源，这种资源所能够依靠的载体有很多，例如古代时期的纸、石头、骨骼、竹、丝绸等；现代的磁带、光盘、U盘、缩微胶片等，无论是主要信息，还是二次信息和三级信息与一个固定的形式和相对稳定的通信信道信息活动。在b.r.garicks的《信息资源管理》一书中，他将管理信息资源的系统称之为"记录管理系统"。本书讨论了"记录系统"的计划、组织、控制和人员配备。由此可见，记录信息的管理是信息资源管理的核心内容。

②材料型信息资源

材料型信息资源是一种由真实对象所传达出来的一种具有真实性的信息，譬如，原型、样本等，这种信息本身拥有一定的技术性。许多技术信息是由实物本身传递和保存的，在技术引进、技术开发和产品开发中起着重要作用，是逆向工程的基础。例如，通过对材料、造型、规格、色彩、传动原理、运动规律等方面的分析和研究，利用逆向工程，人们可以猜测出研究的原始思路、加工方法和加工方法，在其基础上实现模仿或进一步改进。这种信息资源不能直接进入信息系统，要对其进行管理，就必须将其转换为记录信息。

（3）根据信息的等级结构划分。

零时代的信息资源，这种信息资源是指由人口头领通过各种渠道传播的信息。显然，这是一个与记录类型的主信息、次信息和三级信息相对应的新概念。这一概念在日本的企业信息活动中得到了广泛的应用。近十年来，我国也对零信息资源进行了密切关注，并对其特征和功能进行了研究。零信息资源是人们通过直接交流而获得的信息，是信息对象的内容直接作用于人的感觉（包括听、看、闻、闻、触觉）的结果。而不是作为一种主要、次要、第三和物理信息通过记录形式的物质载体。因此，零时间信息资源具有直接性、时效性、新颖性、随机性、非记忆检索等典型特征。

初级信息资源是指作者根据自己的研究成果所创造或发布的信息，无论作者是否引用或引用他人的作品，无论信息的物质形式如何，它都是初级信息资源。

二级信息资源是指信息工作者对一级信息进行加工、提取、压缩后得到的产品。它们是为便于管理和利用原始信息而编制、出版和积累的工具性文件。检索工具书和在线搜索引擎是典型的辅助信息资源。

三级信息资源是指对一级和二级信息进行全面深入分析和研究的产品。

三、现代图书馆馆藏资源向多元化发展

馆藏资源建设是图书馆工作的核心，也是图书馆提供服务、实现功能的物质基础。除了丰富的馆藏资源，无论建筑有多好，无论设计有多漂亮，无论借阅环境有多舒适，都只是一种装饰。合理的馆藏结构和独特的馆藏资源是图书馆的灵魂。

从服务提供的角度来看，实物公文的收集暴露出了各种资料本身的局限性，如副本数量有限、空间独特、容量有限、易丢失、传递不便等，资源共享在共享人数和人均可用时间上受到限制；单个图书馆的物理文献存储容量有限，往往不能满足人们迅速扩大的阅读需求。与之相比，数字文学网络平台显示出无限广阔的应用前景：在法律法规允许的范围可以多次复制没有失真的数字存储体积小，大的股票，容易保存，在网络和地区可以远程超级地理大量的快速传播，可以提供文本，图形，色彩，声音，连续图像，三维的角度来看，等多种媒介相结合的互补信息集成作为一个整体。同时，互联网也提供了一个超大型的交流平台，可以聚集前所未有的规模的人，提供比任何一个图书馆藏书都多的文献信息，吸收世界各国、各民族的新鲜思想，引导他们进行激烈的碰撞。

在这个背景下，图书馆馆藏必然会有一个新的意义：集合不再仅仅是材料的所有权或所有权的文件，核心概念的集合将逐渐超过文件的载体，更接近文件的本质，也就是说，对象由对象的信息。在数字时代，文学符号已经被转换成可以在电子空间流动的比特。

收集资源的本质是收集、整理、筛选、整理后能够利用的信息。无论它依附于什么载体，如何组织，本质都是不变的。而是因为网络时代和数字时代的到来，图书馆馆藏资源建设有新的意义，即必须根据我们的计划和制定合适的服务宗旨，布局合理的转移，配置，各种物质资源和人力资源，在更广泛的领域，计划，有针对性的收集与各种各样的承运人或信息的方式，并安排他们，确定和组织，为需要帮助的人。馆

藏资源建设已经超越了有限的物理空间和固定的物质载体的局限，成为一种信息资源建设。

在图书馆传统的文献收集范围中，由于保存条件、利用条件和维护成本的原因，纸质文献的图书、期刊和报纸一直是图书馆的主要馆藏。但数字资源的包容性打破了这一传统。各种文献信息和多媒体资源可以方便地以数字形式保存和利用。互联网的普及为这些资源的流通提供了最便捷的渠道。这导致了图书馆文献收集范围的重大变化。各类视听资源、网络资源和大型数据库在馆藏和服务中逐渐占据重要地位，在文化传承、公共教育、专业服务等方面发挥着重要作用。可以说，数字资源正在改写着图书馆馆藏的意义，现代图书馆馆藏正在走向多元化。

四、现代图书馆常见的馆藏资源形式

1. 纸型文献

它是传统文学最重要的存储载体，也是最完整、最严谨、最发达的生产系统的信息载体形式。它是目前世界上图书馆文献的主要类型，也是图书馆文献的主要组成部分。与其他文献相比，纸质文献携带更加方便，不需要其他特殊设备。纸质文献在未来很长一段时间内仍将是文献出版的主要形式之一，是图书馆的主要馆藏形式。然而，由于数字文学的优势和轻量、低成本的数字阅读设备的趋势，纸质文学正面临着巨大的挑战。

2. 缩微型资料

这是一种以摄影技术为核心的文件复制方法。1839年，英国人 b. d. ancer 发明了世界上第一种微缩摄影形式，并于同行业的第一年问世。到20世纪30年代，缩微格式逐渐成为图书馆馆藏的重要组成部分，缩微格式已成为图书馆文献的第三种主要类型。在计算机信息处理技术普及之前，图书馆文献的微型化曾是图书馆信息技术发展的主要方向。微数据具有信息存储密集的优点。

3. 机读资料

机器阅读数据和缩微数据比纸质文件具有更多的经济特征，但其使用需要特殊的阅读设备，如专用放大镜或转印机，并且要求读者具备一定的特殊设备技能。这些特殊设备的功能相对简单。普通读者不能大量装备自己，只能到图书馆来使用。因此，不适合提供贷款服务，读者不能独立安排阅读和使用。缩微数据主要用于生产成本高、利用率低的重要文件。目前，这些文档也以大量的数字方式制作和存储。

4. 视听资料

听觉是仅次于视觉的人类第二重要的信息接收功能。相关研究表明，人类接收到的信息有70%是通过视觉实现的，20%是通过听觉获得的，视觉接收到的大量信息以运动的形式体现出来。这些运动的视觉和听觉信息无法用文本或静态图像追踪或再现。随着科学技术的发展，人们发明了各种方法来记录运动图像和声音，也丰富了对人类意味着记录他们自己的文化和创造新的文化产品，因此记录和创建大量的极其宝贵的视听材料和弥补言语不能揭示和反映出很多信息。因此，视听资料一直是图书馆的主要馆藏对象之一。现代科技使视听资料的使用越来越经济便捷，成为图书馆最受欢迎的文学形式之一。目前，视听材料已广泛应用于数字化生产、存储。

5.光盘资料

光盘数据是计算机技术发展的重要成果之一。作为一种先进的存储手段，它是将计算机的文字、图片、音视频信息转换成数字信号，并以cd-rom的形式记录下来。与传统文献相比，它具有重量轻、密度高、容量大、记录多媒体信息的能力等优点。与目前其他数字记录方式相比，具有安全、易于保存、产权明晰、适应传统交易方式等优点。目前，光盘数据的生产在世界上已经形成了一个非常庞大、专业、严格的生产体系。光盘资料已成为数字文献最重要的生产和交易形式，是图书馆数字文献收集的主要形式之一。在未来很长一段时间内，它将成为数字化文献的重要载体。

6.网上文献资源

互联网技术的快速发展为人类文化提供了前所未有的巨大交流空间，为所有愿意提供和获取信息跨越时空障碍的人提供了一座桥梁。今天，有成千上万的网页随时发布各种内容、形式、类别和层次的信息。数以亿计的人经常在互联网上搜索信息和相互交流。这些信息有的储量巨大，组织完善，有的突破了传统文献的生产周期，释放出时间差的缺陷，及时传递出最新鲜的思想。一些信息提供者还可以随时接收访问者的反馈，进行实时双向通信。互联网本身已经成为最大的信息集合之一，一个拥有无比丰富藏书的图书馆。

然而，网络生命力的无限自由也决定了它不能自然形成一个高效严谨的信息组织系统，每天都有新的网页在诞生，也有旧的网页在更新或消失。如何在互联网上找到适合自己需要的丰富信息是一个难题。图书馆应承担导航员的任务，收集、筛选、整理和编目互联网上的信息。这将把读者引向他或她需要的网站，并记录下那些为他或她而生、为她而死但具有重大价值的事情。

总之，数字文学已经发展成为一种非常丰富的类型，并形成了巨大的生产规模，其在图书馆馆藏中的比重和地位将会继续上升。跟踪数字化和网络技术的发展，加强数字化文献资源建设，是图书馆未来生存和实现更广阔职业发展的必由之路。

传统文学是人类文化的传播途径，几千年来积累了人类思想的宝贵资源。数字文学无法完全替代，这也具有现实意义。与数字文献一起构成图书馆馆藏资源的整体。

7.数据库

在数字图书馆中，数字信息资源需要以一定的方式组织起来，才能得到有效的利用和利用。数据库是数字信息资源的基本组织形式。数据库是数字文献的一种组织形式，它按照一定的规则对大量的信息进行组织、整理和存储。一些数据库存储在cd-rom上，成为一种cd-rom数据。一些是建在博物馆的硬盘上的，而另一些则放在互联网上提供远程服务。数据库具有容量大、索引排列完善、存储信息量大、检索速度快等特点，非常适合实现图书馆业务管理和服务功能。它已成为图书馆最强大的信息组织形式和最常用的数字馆藏资源。人们可以方便快捷地检索所需的数据或文献信息。数字图书馆建设必须进行数据库建设，没有数据库就没有数字图书馆。英语数字图书馆一般被翻译为数字图书馆，但一些专家认为这种翻译并不准确，应该翻译为"数字数据库"。因此，数据库是数字图书馆的生命和核心，数据库建设是数字图书馆建设的重中之重。

第三节　图书馆服务转型的环境变革

由于现代网络技术的领先，使得人类的传统物理时间和空间的限制，充分体验在互联网世界无限自由，信息和通信技术的快速发展是一个强大的力量，当代社会生产力发展，全球信息基础设施建设热潮的兴起，人类社会的信息交流，信息进入情报过程和信息服务网络。席卷全球的信息网络革命，不仅是一个极好的机遇，也是对各级信息服务机构传统信息服务工作的严峻挑战和猛烈冲击。是保存人类文化遗产，图书馆在服务环境中发生了巨大的变化，如何在这一次的变化，抓住机遇，迎接挑战，网络环境下如何调整服务内容、服务形式和服务手段，等等，充分利用先进的网络技术和丰富的信息，实现网络环境下服务的转变，进一步提高服务质量，是图书馆工作人员重点思考、认真学习、不断探索新课题的重要场所。

一、信息网络化

1. 信息网络化释义

关于网络化，通常有两个方面的含义：

从表面上看，网络化是指计算机的网络化过程，即通过网络化、信息通信等技术对原有分散的工作状态和落后的单机技术进行改进，成为一种传输效率高、资源共享程度高、技术支持程度高的新技术和设备状态。网络可以从微观和宏观两个角度来理解。从微观上看，网络是一个特定网络系统从设计到运行的全过程。从宏观上看，网络是指一个国家、地区或行业组织和推动网络建设的过程。

网络本质上就是信息网络，是指通过网络传播和传播各种信息资源的过程。信息网络的概念突出了网络的重要性，并与应用紧密结合，符合现代信息通信技术发展的要求，具有较强的可操作性。"信息网络"的概念是江泽民同志在2000年初提出的。他呼吁各级官员和全社会关注信息网络的发展，抓住机遇带来的信息网络，加快中国的信息技术和网络技术的发展，并积极应用在经济和社会生活的各个方面，努力占领领先地位在全球信息网络的发展。

2. 信息网络化的相关概念

"信息"是什么？信息是客观事物存在的反映，是人们头脑中客观事物的状态、特征、规律及其相互关系的反映。人类的各种生产活动和社会活动从一开始就离不开正确信息的引导。信息只有通过传递和沟通才能体现其价值。信息传播与传播的进步，意味着人类社会生产力发展水平的提高。

什么是"信息网络"？这里所说的信息网络，是指以互联网为主要代表，以现代信息通信技术（ICT）为基础，用于通信和处理信息的各种电子通信网络。现代信息通信技术的进步，使信息的处理、处理、传输和交换得以高速、大批量、低成本地进行，从而大大提高了人类社会生产力的发展水平。

什么是"信息网络"？信息网络化是指信息和通信技术在各行各业特别是网络技术中的普及和应用，通过信息网络逐步使人类生产活动和其他社会活动中的各种信息得以传播和传播的过程。一些可以数字化的产品和服务，如文字产品、音视频产品、软件、咨询服务等，可以通过网络全程生产和交易。信息网络化是人类信息交流方式的一次飞跃，它将给整个经济社会的运行方式以及人们的工作生活方式带来深刻的变化。

信息网络的概念突出了网络的重要性，并与应用紧密结合，符合现代信息通信技术发展的要求，具有较强的可操作性。我们一般都理解网络或网络时代的概念就是指信息网络。

二、信息网络化服务

信息服务是连接信息源和信息用户的中介过程。信息服务更多的是一个增值过程。其增值功能体现在信息服务过程结束后，信息在广度、深度、及时性、准确性、相关性等方面都有了显著的提高，使信息使用者能够更快、更方便、更准确地获取信息。传统信息服务的服务领域相对狭窄，主要属于类别的科技，服务对象是一般局限于部门，系统，行业领先的决策人员、科研人员和工程技术人员，工作主要是论文的对象文本印刷品，工作主要是手动操作的方式。计算机技术的发展和成熟为信息服务领域的革命性变革提供了基础和前提。

1. 信息网络化服务

信息服务是一个新兴产业，根据其发展历史，可以分为传统信息服务和现代信息服务。传统信息服务包括图书资料、报刊杂志、新闻广播、影视、视听、印刷出版等，现代信息服务一般是指以计算机为核心的信息处理服务和以数据库形式提供的信息服务。

现代信息服务也可以称为电子信息服务，包括电子数据处理、交换、查询、传输、数据库在线服务、信息系统集成服务等内容。

信息网络服务是现代信息服务的高级形式。它是现代信息服务机构通过互联网进行的所有信息相关服务活动的总称，包括传统信息服务在网络上的应用和拓展。它主要是指网络上的信息采集、存储、处理、传输和利用服务。

更准确地说，信息网络服务还应该包括电信和电视网络的信息服务，但随着宽带网络技术的发展，电信、电视和计算机网络的融合已经实现。此外，我们正在讨论信息网络服务。计算机网络主要指的是国际互联网信息服务。而图书馆应该承担的信息网络服务，也基本依靠计算机国际互联网。

传统信息服务的服务领域相对狭窄，主要属于类别的科技，服务对象是一般局限于部门，系统，行业领先的决策人员、科研人员和工程技术人员，工作主要是论文的对象文本印刷品，工作主要是手动操作的方式。传统的信息服务主要是手工进行，以纸张和印刷品为媒介。然而，随着计算机和网络通信技术的引进和发展，信息的收集、处理、存储和传输方式都发生了变化。网络环境下的信息服务是针对特定用户的信息需求，以现代信息技术为手段，向用户提供处理安排的有效信息、知识和智能集成活动。首先是网上检索的出现，标志着信息网络化服务的出现。随着互联网的出现和普及，信息服务逐渐进入了以计算机和通信网络为媒介的网络化信息服务时代。当前，信息网络服务正以前所未有的速度和规模蓬勃发展。可以说，计算机技术的发展和成熟为信息服务领域的革命性变革提供了基础和前提。

在线检索网络信息服务是网络环境下信息服务的初始模型。网络在线检索信息服务是在利用计算机代替手工劳动，提高工作效率的基础上，对信息服务的内容和信息收集资源进行扩展。在线搜索经历了研发实验、区域应用和国际在线三个阶段。这一发展阶段包括整个1970年代和1990年代初。由于网络技术的限制，在线检索网络信息服务主要是以局域网的形式发展起来的，最初只用于教育和科研领域。

2. 信息网络化服务的形式

互联网的出现是人类社会历史上的一次飞跃。互联网为加快信息网络服务的发展和根本改革提供了广阔的舞台。更重要的是，这种先进的技术和信息传播模式得到了政府部门的大力支持和推广。

1993年初，前总统比尔·克林顿提出了信息高速公路项目，被称为"世纪项目"。1994年，信息高速公路建设在世界范围内掀起热潮。许多发达国家发布了发展本国信息高速公路的规划和白皮书，一些国家在信息高速公路立法和基础技术研究方面取得了实质性进展。互联网在全球的发展是非常迅速的，互联网已经成为一个大的和小的网络的各种网络连接。互联网上有海量的信息。

基于互联网的信息网络服务使信息服务成为一个动态的"朝阳产业"。同时，由于网络化的信息环境使得用户能够直接接入互联网，能够满足其基本、简单的信息需求，削弱了信息机构专业人员的中介地位。但是，向信息专业机构和人员提交的检索任务和信息获取要求在全面性、复杂性和有序性方面都有更高的要求。

与传统的网络信息服务模式相比，新的基于互联网的网络信息服务模式有许多本质的区别，代表了现代信息服务的发展方向。

3. 信息网络化服务的基本功能

（1）电子邮件（E-mail）。

电子邮件是互联网上最常用的应用功能之一。用户可以通过因特网以邮件的形式交换信息文件。用户可以通过电子邮件在互联网上快速传输文件形式的"邮件"信息，"邮件"可以包括数字文本、图像、音频和视频信息。

电子邮件传输具有以下特点：

电子邮件更快。与传统的邮政相比，电子邮件的及时性非常突出。跨洲邮件可以在几秒钟内发送到对方的"邮箱"，不打扰任何人。传统邮件的物理位移根本无法与传送比特的光速相比。

电子邮件是非常方便和便宜的使用。电子邮件可以在电脑上修改或调试，易于处理；用户可以坐在电脑前完成一切，不需要去邮局买邮票、信封和寄信；用户只需要支付接入互联网发送电子邮件的费用，无论是发送到隔壁的办公室，还是发送到世界的另一边，费用都是一样的。当线路开通时，发送电子邮件只需要几秒钟，成本比一封信还低，而且比通过电话传真还便宜。

电子邮件更强大。使用传统的电子邮件系统，一次只能发送一个人。使用电子邮件，您可以通过创建收件人列表同时发送多个收件人。除了文本，电子邮件还可以传输图片、动画、声音和图像文件。

电子邮件更直接。对于一封电子邮件，接收者可以立即问发送者一个问题，就像对话一样。询问和回复传统邮件需要很长时间。

电子邮件文件更存档，更容易访问。可以想象，如果它是一个传统的信，多少工作需要找到某一天的一封信中数以百计的信件，或者某个人的一封信，和电子邮件可以方便用户找到一个特定的电子邮件的发送者或时间和主题的电子邮件。

电子邮件是安全可靠的。在发送电子邮件时，如果对方的电脑没有打开，和暂时的邮件不能被发送到目的地，互联网上的"邮局"将自动重新发送邮件每隔一段时间，直到收到来自另一方的"接收邮件"消息的电脑。如果在很长一段时间后，接收计算机仍然没有将接收到的消息发送回去，电子邮件系统将自动通知发送方返回消息。

在电子邮件系统的基础上，建立了较为先进的应用系统，如"新闻组"专题论文交换系统、在线传真系统、电子期刊报订阅系统等。

电子邮件是办公室自动化的重要功能，是加快信息传递速度的主要工具。一些政府网站还开设邮箱或公开领导人的电子邮件地址，方便群众接受来信，与群众保持密切联系。

（2）即时通讯（在线聊天）。

IM（Instant Messenger IM）软件可以说是目前我国互联网用户利用率最高的软件，无论他们是老ICQ。目前国内用户首先是腾讯QQ。而微软的MSN Messenger等，都是公众关注的焦点，它们可以让你在网上快速找到你的朋友或工作伙伴，可以实时交谈和相互信息。此外，许多IM程序现在集成了数据交换、语音聊天、web会议和电子邮件。即时通讯是人类信息传播史上的一场革命。即时通讯最重要的特点是它具有实时在线信息交换的功能。

即时消息传递应用程序。除了实时聊天和信息的相互传输，许多即时通讯软件还集成了数据交换、语音聊天、网络会议等功能。

在网上聊天。随着互联网用户数量的增加，越来越多的人加入在线聊天的行列。

网上聊天的主要方式有文字聊天、语音聊天、视频聊天。语音聊天和视频聊天功能的扩展，也为网络会议提供了条件。

Web会议。网络会议（Network conference），又称远程协同办公（remote collaborative office），利用互联网共享不同地点的多个用户的数据。用户可以利用网络会议实现远程销售、远程客户服务、远程技术支持、远程培训、在线营销活动。

传输文件。IM软件可以点对点地传输文件，有时比电子邮件更方便，但在对方在线时必须使用该功能。大多数IM软件的文件传输功能还支持断点延续，无需担心在文件传输过程中突然中断。

远程协助。远程协助是Windows XP中引入的一个新概念。它是Windows Messenger的独特功能。远程协助可以将计算机的控制权分享给另一方，从而为另一方提供协助。其功能主要体现在应用程序共享、远程协助、白板共享、寻求远程协助等方面。因为这个功能非常强大，在寻求帮助的过程中，系统会多次提醒你并给你一个选择。请您在使用此功能时更加小心，以确认对方是否可靠。

发送文本消息。目前，IM与各种移动终端设备的结合越来越多，例如QQ可以用来向手机发送短信。当然，此时手机QQ服务需要用手机开通。

浏览的建议。有些朋友只是用QQ在网上聊天。其实，QQ也可以很方便的看到每天的最新消息。你想查看哪方面的新闻，点击相应的图标，会出现"信息"界面，自动提取当天的新闻标题。有了这些标题，您可以快速选择您感兴趣的新闻，并单击它来调用浏览器来阅读它。这样你就可以呆在家里阅读相关的内容，节省了你的搜索时间，提高了浏览效率。

即时通讯的作用。即时通讯的快速便捷的实时通讯功能，使其成为许多人快速传递信息的首选工具，并逐渐改变了人们在日常生活中的沟通和沟通方式。当今的即时通讯具有很强的"集成"通讯功能，即不仅是一个网上交友聊天工具，而且集手机、电子邮件等通讯形式于一体。今天，一些人的名片上列出的联系方式大全，除了电话，手机，电子邮件，已经印上了QQ号码，所以QQ已经成为人们"数字生存"状态的另一个指标。

（3）网上论坛（BBS）

BBS是英文Bulletin Board System的缩写，翻译成中文为"电子布告栏系统"或"电子公告牌系统"。BBS是一个电子信息服务系统。它为用户提供了一个公共电子白板，每个用户可以在上面发布信息或提出意见。在早期的BBS中，它是由教育机构或研究机构管理的。现在，大多数网站都建立了自己的BBS系统，让网民通过网络结交更多的朋友，表达更多的想法。BBS变成了一个纯粹的"讨论区"。

现在大多数网站论坛，如公告板在现实生活中，用户除了可以得到各种各样的信息到讨论区，你也可以发布信息或讨论"张贴在公告栏，讨论与其他用户，BBS是通常分为多个讨论，每个论坛都有自己的主题，每个论坛都有专门的经理管理用户发表的文章。用户可以根据自己的兴趣参与不同的讨论区，在讨论区阅读文章，在讨论区表达自己的观点。在阅读完一篇文章后，你也可以在这个讨论区使用"回复"与作者或网友进行讨论。

（4）信息浏览（WWW）

WWW是互联网最基本的应用程序，它是WWW易用和强大的功能极大地促进互联网的发展和普及，它可以让一个从未使用过计算机的人，在几分钟内可以学会浏览丰富多彩的多媒体信息在互联网上。你只需要用鼠标点击相关的话题和照片，就可以从一个网站进入另一个网站，从一个国家进入另一个国家，坐在家里就可以轻松的环游世界。信息浏览主要有以下功能：

网络新闻。网络新闻，涵盖政治、经济、社会、文化、文学、艺术、教育、健康和社会生活的其他方面，插图，坚实可靠的，其速度的特点是无与伦比的其他传统媒体新闻，只需单击鼠标，它发生在世界各地的事件将一目了然。

（5）搜索引擎

因特网就是信息的海洋，如何在网络上迅速地找到自己所需的信息？那就来使用搜索引擎吧，所谓搜索引擎，就是这样一类站点，它们把网络上提供信息服务的站点地址都集合起来，然后根据一定的规则分类，用户通过这些站点便可查询到自己所需的信息或网址。搜索引擎就好比一座山门，是每个进山人的必经之路。您可以将 www 视为 Internet 上一个大型图书馆，您可以在这里查找各种信息。

因特网本身就是一个巨大的数据库，用户可以从成千上万的图书馆、政府部门、公司企业和非营利组织公开的数据库中搜索各种信息。这就是因特网所具有的信息检索功能。

（6）文件传输（FTP）

FTP 是 Internet 中最早的成员之一。Internet 的全部目的就是把文件从一处传输到另一处，多少年来，FTP 就干着这种差事。

（7）远程登录（Telnet）

只有很少用户使用 Telnet，但它使用起来很方便。Telnet 为我们提供了一种登录到 Internet 其他计算机中去的途径。一旦登录成功，你或许会用到那台计算机上的陌生命令，或者文本式菜单系统。也可能玩一种叫做 MUD 的虚拟游戏。大多数人都忙于使用 Web，你不妨试试 Telnet。

（8）新闻组（Newsgroup/Usenet）

新闻组就是专题讨论组。你想了解当前的国际形势？想学习某种特别的风筝放飞技术？真的，无论想了解什么内容，你都能找到满意的答案。

（9）博客（Blog）

博客是网络上流行的一种新的信息交流和信息共享的工具。

博客的中文意思是"网络日志"，简称"网志"，后来缩写为 Blog，而 Blogger 则是写 Blog 的人。

有人说 Blog 就是网络日记（Web Diary），就是把自己原来写在日记本上的内容写到网上来，其实是曲解了 Blog 的意义。Blog 不是私密性很强的日记的网络版本，相反，它是为了让别人共享信息。

博客是在服务提供商的网站上创建的，也称为个人博客。但是，博客和个人网站是有区别的：个人网站由于对网民的技术和资金的要求，注定只能由少数人拥有。然而，博客网站门槛低，开放程度高。博客基本上不需要任何网站建设技术，也不需要申请域名和空间，只要能上网和打字就行。当然，博客的表达形式是有限的，因为它们是建立在服务提供商的网站上的。然而，它简单方便的表达形式使大多数人拥有了自己的博客，这无疑具有很大的普及优势。

博客和 BBS 也有区别：BBS 是一个公共场所，许多人聚在一起自由聊天和交流。博客是一种个人表达空间，是一种个人知识积累的形式，博客使人有一种归属感。在内容管理方面，普通用户在博客上比在 BBS 上有更多的管理权限。

由于网站为博客提供了空间，博客的著作权属于双方，但博客日志是由个人撰写的，所以博客的观点只能代表个人观点，个人应承担法律责任。

作为一种新的工具，博客在信息交换和传播具有明显的优势：博客给了大量的网民自由表达的机会，改变传统的被动接受的情况下，它可以使信息传播更自由和快，使网络成为一个平民舞台。

博客所带来的问题是，博客信息传播的自由和速度使不良信息的传播更难控制，给网络的发展带来一些不良影响。

（10）播客

播客的英文名称为 Podcasl，中文译名尚未统一，但最多的是将其翻译为"播客"。它是数字广播技术的一种，初期借助一个叫"Ipodder"的软件与一些便携播放器相结合而实现。播客录制的是网络广播或类似的网络声讯节目，网友可将网上的广播节目下载到自己的 I Pod、MP3 播放器中随身收听，不必端坐电脑前，也不必实时收听，享受随时随地地自由。更有意义的是，你还可以自己制作声音节目，并将其上传到网上与广大网友分享。在播客天下，我们将播客简单地视为个人的网络广播。

因此，可以说，做播客就是在网上随意播放你的声音或影像。

在我们的论坛或者博客，评论，但只能用语言来说话，一些论坛或博客允许你上传自己的音频文件或视频文件，但一个播客网站给你自由上传音频或视频文件，像爸爸播客网络给用户上传无限空间，只要你完成上传影音作品，将自动显示球员，作为世界上任何人访问这个网页，你可以直接听到你的声音或看到你的图片，就像你有自己的电台或电视台一样。

（11）威客（Witkey）

威客（Witkey）这个词完全是中国首创，诞生于 2005 年 7 月。中科院研究生院读工商管理硕士的刘锋，在自己的论文中为一种新的网络模式定义的时候，写下了"威客"这个词，用来描述 2000 年以来出现的一种网络模式。

威客的英文是 Witkey（wit，智慧；key，钥匙、关键的）。在网络时代，凭借自己的创造能力（智慧和创意）在互联网上帮助别人而获得报酬的人就是威客。

一般来说，weike 是指在互联网上出售自己的无形资产（知识商品），或者在互联网上买卖知识（商品）的人。在新经济（商业）环境中，有各种各样的人是"微客"。除了各个行业和领域，他们还包括那些掌握各种创新理论（经济和管理）的人。在掌握各种创新理论（经济与管理）的人当中，有经济、管理、网络等各个领域的卫科。甚至可以说，在互联网微客这个平台上，没有所谓的经济学家、管理专家等各种专家学者，只有微客。微客网站的出现，为有知识生产加工能力的个人销售知识产品创造了一个商业平台和机会。

总之，weike模式的出现为个体知识（资源）的销售带来了商机。随着微客时代的到来，每一个微客都可以将自己的知识、经验和学术研究成果作为一种无形的"知识商品"和服务在互联网上出售。微客通过微客网站平台买卖"知识产品"，逐步将其知识、经验和学术研究成果转化为个人财富。

第四节　图书馆服务转型的基本走向

网络技术和通信技术的发展对现代图书馆服务带来了新的社会背景和技术环境，环境的网络数字服务内容、方法和手段，等有了根本性的改变，尤其是在"云"，"云"资源和"云"服务，如现代和谐的概念，在无处不在的知识环境中，概念的提出在图书馆，深刻影响了图书馆服务模式的发展趋势，综上所述，现代图书馆服务转型的基本方向如下。

一、服务对象从服务到馆读者向服务社会转型

数字图书馆网络，已经消除读者和图书馆之间地理障碍，已经不受时间和空间的限制，影响图书馆资源前所未有的挖掘和扩展，无论是在公共图书馆、高校图书馆、科研机构图书馆所有突破墙上，固定的地方，不仅对图书馆读者服务，但服务社会作为一个整体，区域服务的扩展，特别是大学和科研机构图书馆他们不再只在大学图书馆的服务，这个单位的用户，而是充分利用其丰富的文献信息资源和人才优势的设备，主动接触社会，主动向社区开放，开放的企业和机构，服务当地的政治、经济、社会和科技的发展、文化等方面，广州大学图书馆信息服务工作为地方政府工作所认可和高度评价，成为华南乃至全国高校图书馆服务的社会典范。

二、服务内容从信息服务向知识服务转型

信息服务是图书馆为用户提供文献信息的服务过程和活动。帮助用户获取文档信息，激活文档信息内容，实现资源共享，是图书馆的过程和行为。图书馆通过信息服务，实现了文献信息的流通和交换，将文献信息的分发传递给一定的接受者。进而促进文献信息的有效利用。信息传递服务包括图书馆利用自身藏书为用户服务的形式，如借阅服务，是传统图书馆的"流通服务"。它还包括图书馆向图书馆用户提供其他图书馆文献信息的服务模式，或者图书馆向其他图书馆用户提供图书馆馆藏文献信息的服务模式，如馆际借阅文献传递服务。这是图书馆服务的基本形式之一，也是资源共享的重要形式。

信息服务通常分为传统的信息服务和网络信息服务。传统的信息服务主要包括借阅服务、阅读服务、传统的馆际借阅服务、复印服务、"一卡通"借阅服务等形式。网络信息服务是以网络为基础，以数字资源为目标的信息传输服务。与传统的信息服

务相比，网络信息传输速度快、质量高、范围广。网络信息服务最大的功能是促进资源共享。目前，"一站式"服务是网络信息服务的主要形式。

知识服务是图书馆服务内容的深化和升华。随着计算机技术、网络技术、信息技术和科学技术的飞速发展，知识已经成为生产力最重要的因素，知识的生产和创新已经成为经济发展和社会进步的重要保障。随着社会进入知识经济社会，图书馆传统的信息服务已经不能满足人们日益增长的知识需求。图书馆必须利用自身资源将服务内容从信息服务转变为知识服务。

知识服务是指图书馆在获取、吸收、利用和创新知识的过程中，从各种显性和隐性知识资源中收集、分析、提取和整理相关信息知识，以满足用户的需求，为用户提供所需知识的过程。

目前，学术界普遍认为知识服务是一种理解和组织的概念。它是以信息知识的检索、组织、分析和重组的知识和能力为基础的。它提供的服务能够有效支持知识的应用和知识创新，在用户根据自己的问题和环境，将用户集成到解决问题的过程中。

三、从知识收藏向开放存取转型

传统图书馆以文献收集为己任，以印刷文献为主体。现代图书馆不仅应该是人类知识的存储场所，而且应该成为一个高效的信息获取和传递中心。学科信息门户、虚拟参考咨询、开放存取和知识集成已成为现代图书馆的主要功能。用户使用图书馆的关键是他们能得到什么样的资源，而不是图书馆有多少资源。图书馆不仅要为用户提供快捷方便的信息，而且要成为用户不可或缺的信息共享空间。

开放存取是网络环境下发展起来的一种新的、重要的学习和交流方式。学术信息可以自由传播，没有任何障碍，任何人都可以在任何时间、任何地点、任何经济条件下，免费、平等地获取和使用学术信息。

这是一种符合互联网时代信息交流特点的新型高效的交流方式。

开放存取是国际学术界、出版界、图书情报界为促进学术成果交流，利用互联网进行自由传播而采取的行动。其目的是促进科学和人文信息的广泛交流，增强科学研究的公共利用，保证科学信息的长期保存，提高科学研究的效率。开放获取资源作为一种新的学术信息交换概念，对相关学术机构特别是图书馆界具有重要意义。

开放资源是文献出版的一种新模式，是学术信息共享的一种新模式，是文献信息资源建设的一种新模式。

第五节　图书馆服务转型策略

在互联网时代，信息产业的快速发展的今天，图书馆正面临着前所未有的挑战和变化，这种变化将全面、深，导致传统图书馆向现代图书馆的变换，图书馆本质上是服务转型，因此，近年来，各大高校图书馆、公共图书馆、科研院所转型成为一个热门话题，如何实施服务同行不仅在理论上进行了深入的研究，而且进行了大胆的尝试，在实践中取得了良好的效果，我们认为图书馆服务转型策略应重点放在以下几点。

一、进一步明确图书馆的战略规划和发展定位

战略规划是保证长期可持续发展的关键的身体，面对"十二五"，更需要明确和系统的图书馆发展规划，通过规划、明确的定位和图书馆的发展方向，充分意识到今天的"图书馆"只是一个名字，图书馆应集成平台、工具、系统、内容、服务、环境和其他功能，数字、网络为基本发展战略，以用户至上为基本服务理念，体现了"用户在哪里，服务在哪里"的服务模式的变化。特别是研究型图书馆更应注重图书馆发展规划的制定，并通过实施可持续的战略规划，不断明确发展思路，促进图书馆的发展，维护图书馆在高校或直属院校的地位和长远影响。战略规划具有短期、中期和长期的特点，应定期进行修订。让战略规划成为未来图书馆改革与发展的指南。

国会图书馆是在1998年底建立一个数字化未来集团实施电子资源和技术和主要图书馆服务和业务的职责，它的目标不是成为一个国家数字图书馆，但成为一个完全拥有和数字资源的整合，并修改自己的国家图书馆在同一时间。美国国会图书馆的数字未来倡议旨在确保所有阶层的公民可靠和容易地获得数字资源。为此，国会图书馆还成立了国家数字战略咨询委员会，启动了由国家数字信息咨询委员会领导的国家数字信息基础设施和保护计划（NDIIPP）。

国会图书馆制定的《2008-2013财年战略规划》从资源建设、用户服务、推广应用、组织协调、人才培养等方面提出了各自的发展战略目标和实施策略。这种战略规划具有明确的定位、明确的目标、具体的措施和较强的前瞻性，可以说是图书馆战略规划的经典和模板。国会图书馆希望未来在确保获取知识和信息以及促进国会及其成员创新利用图书馆资源方面发挥领导作用。

斯坦福大学图书馆新工程分馆（SEQ2库）规模不大，是非常典型的专业图书馆，自由主义传统，非常创新性和前瞻性，它提出的愿景是成为信息协同的概念和建设的实验室模型超出了传统图书馆的了解，研究图书馆的未来发展具有重要的启示作用。

耶鲁大学图书馆的战略规划强调了耶鲁大学动态发展的教育使命。新研究领域的不断扩大，新领域的图书馆和图书馆员提出了新的要求，因此，耶鲁大学图书馆计划永远是一个正在进行的工作，最近更新2009年7月，提出战略规划，规划决定了图书馆在未来五年将重点关注三个目标领域，目标领域将集中在输出结果有利于图书馆及其用户。

2009年至2012年，耶鲁大学医学院图书馆对未来图书馆的目标提出了战略规划、发展和行动，特别强调五个目标：提供广泛使用的医学图书馆馆藏和服务，建立和保持世界一流的馆藏、对外推广活动，提供创造性、生产性、交流合作能力的智力激发环境，建立员工终身学习和教育文化。这五个目标是明确的，不仅强调资源、服务和环境，而且强调组织文化的整合，这对于其他目标的实现是非常重要的。

哥伦比亚大学图书馆战略规划从2010年到2013年，强调深度合作，消除重复工作和实现规模效率对系统性改革，并强调资源收集和独特价值的专业知识范围广泛的学术团体，将通过一个强有力的领导，有影响力的改变这些地区包括我信息政策和开放存取学术研究、知识产权、技术创新教学，web内容管理的集合和全球资源继续访问。该规划为图书馆制定未来千年发展蓝图提供了重要参考，许多方面可能不是当今图书馆十分关注的，但它必须是图书馆未来发展的重要选择。

战略规划不仅仅是战略概念，它所使用的研究方法对什么样的战略规划有着重要的影响。约翰霍普金斯大学图书馆（JHU）利用平衡计分卡用户需求调查等方法制定了图书馆发展战略，每年进行一次评估。用户需求调查的方法包括：通过各部门图书馆员设计和开展服务调查；师生咨询委员会；BBS、Facebook、Twitter等。

二、建立健全业务体系和运行机制

无论库的类型和规模如何，它都有自己的业务系统和运行机制。在技术飞速发展的今天，图书馆应加强业务系统建设，重视业务机制建设，改变旧的业务系统，建立和完善新的业务系统和可靠的业务机制。

图书馆应遵循不断变化的战略，保持业务系统的动态变化和稳定发展。例如，哥伦比亚大学图书馆在馆藏处理、长期保存、资源发现、获取、传输和服务等相关政策中十分重视馆藏发展，并在数字环境中十分重视这些基础服务的扎实发展。其他图书馆把资源建设和管理作为图书馆的重要基础性工作予以高度重视。

随着资源的数量和类型的增加，资源披露问题变得越来越复杂和关键。美国斯坦福大学图书馆拥有强大的图书目录综合检索系统。通过其集成的图书馆资源检索系统的组织和公开，用户可以方便快捷地检索到大量的图书馆资源。现在在斯坦福大学图书馆的在线目录系统已经由原来的苏格拉底系统升级到新版本的搜索工作系统，该系统的特点是集成，易于使用和互操作性，功能非常强大，开放、进步的函数技术，资源，广泛，界面友好，使用方便，完全不同于传统的呆板，单一的OPAC的形象，为用户提供了与时间同步的新库体验。

三、突出以用户为中心的服务理念和服务模式

尽快改变图书馆的服务，我们必须建立以用户为中心的服务理念，创新的以用户为中心的服务模式，以用户为中心的服务作为图书馆的存在的意义和价值，所有的工作和整个图书馆的使命是为用户提供高质量的服务，并通过新概念，促进图书馆业务布局和结构调整，促进体系和模式的创新。

国内外图书馆都把"服务第一，用户至上"作为图书馆的宗旨。许多图书馆通过具体的目标和措施，将"以用户为中心"的思想贯彻到每一个过程和每一个细则中，以反映图书馆不同的服务内容和方法的需求特点。例如，哥伦比亚大学图书馆系统提供一般查询服务、研究与情报服务、数据库服务、图书馆利用指导、残疾人服务、缩

印与摄影服务、打字服务、计算设施等。斯坦福大学工程图书馆服务包括：知识管理服务、信息素质教育、参考咨询服务、课程服务、流通服务、文献传递服务、学习空间管理、技术服务。美国国会图书馆的服务特点如下：大量的资源和各种类型；细分用户和提供适当的人口为每种类型的用户和渠道；有各种检索方法和检索资源的类型和内容中解释每个检索方法促进用户的选择。注意资源内容的披露和传播：资源组织与易于理解的主题名称，突出一些热资源在主页上，并显示和传播用户全面的收集，特别是无纸化资源；残疾人提供服务体现了人人平等的概念，推和拉的组合服务允许用户定制内容和图书馆员向用户推荐资源。注意版权，设立版权局，在资源（尤其是图片）和一些网站上都有版权声明。美国大学图书馆一般注重为学生和教师提供研究和学习的空间，可以是个人的小书房，也可以是小组的讨论室。斯坦福大学绿色图书馆及其分支机构为师生提供了不同类型的研究、教学和会议空间。绿色图书馆的学习空间分为博士论文研究室、教师研究室和研究箱。

四、强化学科馆员在服务转型中的作用

在数字化、网络化的信息环境下，高校图书馆学科馆员肩负着新的使命和重大责任。学科馆员成为推动图书馆服务转型的核心力量。它不仅要求学科馆员数量多、水平高，而且要求学科馆员在服务中发挥越来越重要的作用，强调将人性与教学、科研过程相结合。例如，耶鲁大学图书馆有167个学科，155名学科馆员负责这些学科。各学科馆员负责相关学科文献的预定、购买、检索和咨询，以及学科课题和学科项目。耶鲁大学学科馆员的职责之一是参加校内外有关学科的学术研讨会。例如，斯坦福大学图书馆设立了近40名学科馆员提供研究咨询服务。这些学科馆员并非集中在一个部门，而是隶属于馆藏与服务部的资源组（分馆）。馆藏资源建设是学科馆员面临的重要任务之一。收集资源建设（特别是）网络信息资源是学科馆员服务工作的前提和基础学科馆员在图书馆馆藏资源建设学科馆员各种信息资源相关学科比较，并深入研究，评估，和熟悉学科信息资源是学科馆员工作的背景。学科馆员的另一项重要工作是帮助用户有效、正确地使用信息资源。在国内图书馆中，中国科学院图书馆建立了完善的学科馆员制度，为用户提供面向问题的知识服务，将服务嵌入用户的学习、工作和研究环境，取得了良好的效果，受到用户的好评。

五、重视新技术在图书馆工作中的应用

信息技术的突飞猛进，给图书馆的服务带来了前所未有的生机和活力。改变图书馆的服务在这个过程中，应该更加注重新技术的应用，新技术的快速反应能力，通过新技术的应用有效提高图书馆服务能力，新技术的应用应该是全面的，并结合图书馆的服务工作和注意的应用效果，为图书馆的转型服务提供技术支持。

哥伦比亚大学图书馆应用程序对新技术非常敏感，有多个部门的工作是与应用程序相关的技术，技术相关服务，研究和学术服务，如数字新媒体教育和科研服务、版

权咨询服务，数字和社会科学学术交流的项目，电子数据和分析软件的服务，创新服务的工具或系统。哥伦比亚大学图书馆也高度重视利用新技术和服务的科研、教学、学习、信息环境提供全方位的服务，如web浏览器课程管理系统、网络环境和社会（Facebook、Twitter），使社交网络环境可以通过网站和目录信息共享（RSS、添加这个api）

　　Web2.0的一些技术方法和服务方法在美国大学图书馆中非常流行。斯坦福大学图书馆的许多服务部门开设了博客、Facebook、Twitter、social network abstracts等账号，并使用RSS聚合、Alert等Web2.0手段开展图书馆服务。该工程图书馆已推出kindle和索尼Reader等电子阅读器借阅服务，并正在探索移动信息咨询服务。新图书馆的所有图书都安装了RFID，读者可以自行借书和还书。

　　加强人才队伍建设和培训

　　近年来，许多图书馆引进了大量的硕士和博士学位，为文献信息工作的飞跃创造了有利条件。无法被取代，但传统的图书馆工作人员的新员工，需要时间，提高能力在一个关键时期，最重要的工作，是加强能力建设和培训的人员，加强人们，总是愿意花费更多，同时政策的介绍和培训，建立一个能满足需要的今天和未来图书馆文献信息的开发团队。图书馆未来的发展取决于今天能够创建什么样的团队。人才队伍的建设和发展是每个图书馆工作的重中之重。

第三章 提升服务质量理论探讨

第一节 图书馆如何为学习型社会服务

党的十八大首次将"开展全民阅读活动"纳入党的政治报告，表明党高度重视全民阅读活动。"全民阅读活动"是建设社会主义文化强国的重要举措之一，旨在促进全民学习和终身学习，促进人的全面发展。学习型社会的建设对图书馆提出了新的要求与标准，使图书馆在未来发展建设中拥有更为广阔的发展空间。在人的发展与社会的建设中，图书馆是每一位公民开展终身学习的地方。随着时代的发展，社会的进步，在人们的智力因素作用下图书馆不断增添新的功能与作用。针对图书馆的建设活动，国际电联曾在《公共图书馆宣言》中对图宿管的西能与作用做出突出强调，"公共图书馆时每一位人开展求知活动的重要渠道，是个人或者是社会团体享受终身教育活动、开展文化建设、实施自由决策的基本条件。"因此，在社会发展进程中，应不断加强公共图书馆的建设活动，充分发挥公共图书馆在个人发展与群体发展中的作用与价值。

一、学习型社会的相关界定

（一）学习型社会的基本内涵

"学习型社会"是什么？从通俗视角来看，"学习型社会"是国家中每一个人能够随时随地的开展学习活动，不断学习新的科学文化知识与先进的应用技术，灵活掌握生存与发展的进本本领；从本质视角来看，"学习型社会"是实现全员学习、团体学习、不断学习、终身学习、全过程学习等。在新时期发展的背景下，我国全面创建学习型社会是世界经济全球化、物质文化多元化发展的必然要求，是当代社会信息网络化、科学技术高新化的必然产物，是当代社会发展、人类自我完善的必然要求。

（二）开展学习型社会建设活动的重要性与发展性

1. 建设学习型社会是人类永恒的主题

在人类的生存与发展中，学习是人与生俱来的基本能力，是人类生存与发展的基础，是人类生产、生活的基本内容，是人类认识社会、了解社会的必然要求，是发展自我、完善自我的基本需要。在人的一生中，无论是做什么均需要以学习为基础，因此，学习会陪伴人的一生，同时对人们的一生带来不同的影响。但凡你愿意学习，善于学习，你就会在某种特定的领域取得一定的进步与发展。学习是人类生存与发展的基本技能，不仅关系到一个人一生的发展与追求，还关系到社会的进步与与发展。从人类愚昧、落后的古代社会逐步发展到当代文明、智慧的现代化社会，是人类不断学习的必然成果。在知识经济与社会变革的当代社会，人们充分认识到学习的重要性与学习的发展性，学习并非个体行为，而是一种具有社会性、广泛性的行为特征，这一行为与国家、与民族、与社会的发展与进步具有密不可分的关系。因此，在新时期发展的背景下，我们应积极主动的参与到学习型社会的建设活动中，不断提升自身的综合素质，在发展自身的同时调动人类社会的整体性发展。

2. 建设学习型社会是知识经济与信息革命的必然选择

在新时期发展的背景下，知识经济与信息革命成为时代的主宰，开展学习型社会建设活动使迎合知识经济与信息革命发展的必然要求。现如今，我国社会已经正式步入知识经济时代，知识与信息成为人类生存与发展的重要资源。沈磊生存与发展的根本在于人的大脑是否被有效激活，人的大脑一旦被激活，就需要人类不断地超越，独立学习，积极创造。构建学习型社会的根本目的是提高社会的创造力与发展力，充分调动每一位社会成员的创新意识，在学习与探索中不但创造出新的知识与技能，并将这些新知识与新技能运用到传统产业的建设活动中，实现对传统产业的革新与再创造，充分发挥科学技术在社会经济中的社会效益与经济效益，有效带动当代社会的发展与进步。现如今，互联网技术高速发展，"互联网+"理念成为当代社会发展的重要指南，通过将互联网技术运用到传统行业发展建设中，实现"互联网+传统行业"构建多元化社会发展的新形态，使社会发展的各个领域均能够朝着自动化、智能化、多样化的方向发展，有效推动社会的发展与进步，带动行业的革新与创造，对整个社会经济体系的构建与发展带来深远影响。为积极应对信息化社会发展的各种要求与标准，需要进一步加快信息产业制造业的发展与进步，全面加强信息化基础社会的建设与推广，将现代化信息技术广泛运用到社会发展的各个领域，并使现代化信息技术成为各个发展领域的重要支柱。在整个现代化信息技术应用与推广中，公共教育与公共学习成为信息化发展的重要举措，只有广大社会群体积极主动的参与到信息技术学习活动中，方可使每一个行业的人均能够灵活运用现代化信息技术，为传统行业的改革与创新带来源源不断的发展动力。普及信息技术应用需要将公众的基本知识为媒介，全面打造高水平、高技能的信息技术人才发展队伍。因此，建设学习型社会，适应知识经济的快速发展，跟上信息社会的发展，是十分必要的。

3. 建设学习型社会是全面建成小康社会的基本特征

纵观我国社会的发展浪潮，自上世纪末期开始我国社会主义社会已经步入小康社会的建设活动中，标志着我国社会正式步入一个全新的发展时期。尽管如此，我国依然长期处于社会主义发展的初级阶段，这一基本国情决定着我国社会在整个发展进程中将会受到诸多阻碍，人民日益增长的物质文化与社会生产之间的矛盾成为我国社会发展的根本矛盾。为此，我国社会将立足于我国社会发展的基本国情，从实际情况出发，不断深化"改革开放"政策，并在随后的发展中先后制定出一系列战略决议，为我国社会发展与进步不断提出新的要求与标准，实现对现有社会经济结构的改革与创新，深入贯彻落实"以人为本"发展战略，从人的发展出发，将"科教兴国"战略与"人才强国"战略作为我国社会发展的根本指南，进一步深化物质世界的现代化。物质世界的现代化离不开人的现代化。现如今，我国社会已经从原有的"全面建设小康社会"步入"全面建成小康社会"的关键时期，我国社会发展的根本矛盾也发生了一定的变化，虽然我国依然处于社会主义发展的初级阶段，但是我国社会整体发展水平高速提升，有效推动该社会的整体发展与进步。全面推动社会进步是一种现代化的物质世界，人们能够在社会发展进程中受到良好的教育，拥有高深的道德情操与道德文化素养，一个社会，法律意识深深植根于人民的心，合乎逻辑的政府，人民生活和工作在和平与满足，可以全面提升广大社会群体的生态环境保护意识。为此，在全面建成小康社会的背景下，全面落实现代化力量的积累工作，必须是学习型社会。学习型社会将全面建成小康社会形成与构建的重要特征之一。

4. 建设学习型社会是新时期社会发展的客观要求

在新时期发展的背景下，我国已正式步入全面建成小康社会的关键时期。想要我国能够顺利度过这一发展难关，需要全面加强学习型社会建设，全面提高每一位社会成员的学习意识，端正全体社会成员的思想认知，使全体社会成员均能够树立正确的人生观、价值观与世界观，深入挖掘每一位社会成员的创造力与发展潜能，全面推动社会的可持续发展。

（1）先进生产力的发展需要将建设学习型社会作为重要载体

在新时期发展的背景下，只有全面推动先进生产力的发展，才能够为社会的可持续发展带来无限发展动力。在整个生产力形成与发展进程中，均需要将人作为形成与构建的基本要素。现如今，先进生产力在社会发展中的应用能够实现对生产组织形式的优化与整合、实现对管理模式的改革与创新、实现对高素质人力资源的培养与创造、实现对高水平科学技术的开发与应用。一个社会在发展进程中想要不断拥有先进的生产力，有必要创建一个学习型社会，提高综合素质，劳动技能和创造力的工人通过整个社会的学习和教育，提高人力资源开发的力度，加快高质量专业人员的各类培训，提高创新能力和可持续发展的动力。因此，建设学习型社会对于先进生产力的发展拥有重要影响。

（2）先进文化的发展能够在建设学习型社会中集中体现出来

在新时期发展的背景下，世界文化正朝着多元化的方向发展，有效丰富了人们的物质生活与精神生活。在世界文化多元化发展浪潮中，人们需要不断学习与创造，不断更新个人的思想观念，全面树立终身学习意识，端正个人学习态度与工作态度，积极主动的参与到终身学习建设活动中，使全体社会群众均能够成为教育学习活动的参与者与建设者。加强思想道德建设，树立正确的世界观、人生观、价值观，组织全国人民学习中华民族的优秀传统文化，使每一位社会群众均能够中华传统文化的继承者与发扬者，在提升社会群众自身知识素养、道德素养的同时，树立良好的民族形象，使我国社会能够长久的在社会发展浪潮中占据一席之地。

（3）实现人民根本利益需要将建设学习型社会作为重要途径

建设学习型社会是实现人民根本利益的重要途径。在新时期发展的背景下，想要全面推动人类的进步、社会的发展，全面做好社会主义现代化建设工作，需要全面深化学习型社会的建设工作，将广大人民群众的利益放在首位，全面深化为人民服务意识，最大限度满足人们日益增长的物质需求与精神需求，将物质文化、精神文明建设工作全面落到实处。

二、正确把握图书馆与学习型社会之间的关系

（一）图书馆事业是创建学习型社会的关键点

在知识经济全球化、信息化发展的背景下，需要将构建学习型社会作为发展的关键点，积极应对国际竞争制高点。因此，中国进入了建设学习型社会、加快推进社会主义现代化的发展与进步，使中国社会步入社会主义现代化发展的新时期。现如今，我国社会正式步入一个健全民主制度、加快经济发展、科学教育建设的重要阶段。从世界发展视角来看，产业结构调不断得到调整与优化，知识创新与科技创新成为当代经济社会发展的重要潮流。在新时期发展的浪潮中，我们需要不断学习新的科学文化知识，做好新理念、新技术、新方法、新知识的吸收与应用工作。图书馆作为组织知识、开发智力资源、深化交流合作的重要占地，全面落实图书馆建设，不断加大图书馆产业的发展，成为学习性社会建设的重要内容。

（二）图书馆的全面发展是创建学习型社会的必然要求

在社会主义现代化发展进程中，我们需要积极主动的参与到社会发展的每一个战略阶段，需要正确找准自身发展的战略地位，正确把握自身发展的重要方向，明确自身发展的目标与方向。在新时期发展的背景下，需要让知识、劳动、技术、资本能够充分的流动起来，尊重知识、尊重劳动、尊重人才、尊重创造，将知识与技术作为社会发展的重要内容，并将社会主义文化建设放在首位，使文化建设成为党和国家建设的重要战略，让艰苦创业、创新创业、创新劳动深入人心。图书馆建设和发展必须放在国家和终身学习的战略高度。当今社会已经进入了信息时代，图书馆从传统的图书文献收集型图书馆变成了现代的信息中心。

（三）创建学习型社会与图书馆建设能够相互促进

从唯物辩证主义视角分析，事情的一切运动、变化与发展均同事物的普遍性具有密不可分的联系。图书馆建设与学习型社会的建设活动在社会发展进程中并不是孤立存在的，且二者之间具有密不可分的联系，是一种具有相辅相成、相互促进的连个相互独立的个体，在社会发展进程中占据不容忽视的地位。从本质视角来看，图书馆产

业的建设与发展在建设学习型社会中占据不容忽视的地位，学习型社会的构建与发展对图书馆建设具有巨大的推动力。因此，党和政府必须越来越重视图书馆事业，支持越来越多。

三、图书馆参与创建学习型社会的相关措施

（一）不断对图书馆的基本设施进行优化与升级

在市场发展进程中，图书馆是开展学习型社会建设活动的重要阵地，应全面提高对图书馆内外基础设施建设工作的重视。从图书馆外部设施建设情况来看，各级政府部门与文化建设部门应积极做好图书馆的规划设计工作。应充分认识到图书馆基础设施建设在市场发展建设中的重要性，并将图书馆建设工作纳入城乡规划以及社会主义文化建设活动中。对图书馆基础设施实施规划活动时，需要严格遵循因地制宜与优化配置原则，从人口结构、经济社会发展、历史演变、自然环境、群众需求等方面分别入手，不断提升图书馆的建设功能，使图书馆的各项设施能够同周边环境协调统一，不断做好图书馆周边的绿化设施建设，注重建筑设施的装饰性，为广大社会群众创造一个良好的图书馆外部活动环境。

（二）加强馆际协作，实行资源共享

在图书馆建设活动中，馆藏建设作为图书馆建设的基础工作之一，在图书馆发展建设中占据不容忽视的地位。图书馆的藏馆质量直接影响到图书馆的服务质量与整体发展水平，图书馆只有拥有高质量的图书资源，才能够有效吸引广大用户群体的实际需求，为读者开展教育活动提供有力的物质条件。文化建设部门在图书馆建设活动中，需要从自身发展特点出发，不断提升图书馆在经费方面的投入力度，使图书馆在建设与发展进程能够购买到好的图书，并做好期刊的交换工作，及时做好图书的补充工作。

（三）开展形式灵活多样的教育活动

在党和国家倡导建设学习型社会的今天，创新成为社会发展的主要动力，为了推动社会的发展，紧跟时代发展的步伐，在创新方面我们拥有义不容辞的责任与义务。图书馆通过定期开展"信息讲座"、"免费阅读"等活动，使广大社会群体能够积极主动的参与到图书馆的各项建设活动中。图书馆可邀请专家召开各种主题的知识讲座、专题报告和座谈会。此外，可以与教育部门、劳动部门等多部门进行合作，时期能够更好地为社会服务。

（四）提高图书馆工作人员素质

图书馆工作人员作为信息传播的引导者，其素质的高低直接影响着教育功能的发挥。在信息技术高速发展的今天，一系列先进的科学技术被广泛的运用到图书馆的各项建设活动中，有效改变传统图书馆的运营模式，积极推动工作人员的角色转变工作。在信息时代发展的今天，图书馆逐步具备了一系列的新功能与新价值，例如知识

导航功能、信息传播功能等。随着网络和用户的飞速发展，需要建立一个容信资源、用户资源、信息资源联络机制、用户中心为一体的虚拟集合，构建丰富的信息运营体系。因此，图书馆工作人员应改变辅导员和旁观者的传统工作模式，开始发挥信息传播者和导航者的作用。各工作人员充分发挥各自的能力，全面做好信息资源收集工作与整理工作。

第二节　图书馆如何促进与读者的交流

长期以来，高校图书馆越来越重视同读者之间的沟通与交流，并在形成与构建中构建一个具有完整性的系统。从我国图书馆建设情况来看，图书馆在沟通与交流方面相对比较薄弱。尽管部分高校图书馆在运营过程，为充分调动高校学生在阅读方面的积极性与主动性，增强图书馆与读者之间、读者与读者之间的沟通与交流，特成立"读书俱乐部"等组织，开展读者间的阅读交流活动。因此，探讨如何在图书馆在新形势下，基于多种手段与方式为广大读者构建信息交流平台，促进终身学习的读者，提高广大学生的综合素质。

一、图书馆建设能够有效加强读者之间的沟通与交流

（一）图书馆建设能够加强信息交流，满足读者个性化需求

读者之间的交流是由读者处理的信息或知识，使广大读者可以在最短、最优先的时间内获取自己所需要的信息。读者在信息交流过程，通过与其他读者之间的进行信息资源，能够有效解决读者在阅读过程的各种问题，以此满足读者在阅读过程的个性化需求，使图书馆服务朝着个性化的方向发展。

现代化信息技术在图书馆建设工作中的运用，有效增加读者与读者之间的沟通与交流，图书馆的相关建设人员能够及时根据读者之间的交流内容做好相应的信息反馈工作，进一步了解读者在阅读过程的各种需求，并做好各项资料的收集与整理工作，例如书籍资料、相关作者等等，这将产生新的阅读需求，有效扩大读者的阅读范围，激发广大读者在阅读中的积极性与主动性，以便图书馆收藏的资源会更充分的利用。

（二）图书馆建设能够提高读者应用技能，使读者能够顺利获取信息

高校图书馆建设过程，每年多会面对大批量新的阅读群体，只有简单、便捷的操作技能，才能够为大批量的新阅读群体的阅读活动提供便利，最大限度降低图书馆工作人员的任务量，提升图书馆工作的服务质量。为此，高校定期对学生开设与图书馆有关的各类讲座，例如图书馆设施应用讲座、图书馆信息获取讲座、图书馆信息浏览讲座等，通过开展一系列的讲座使学生能够从中获取使用图书馆设备、获取图书馆信息、阅读图书馆内容的相关技巧。

（三）图书馆建设能够帮助学生完成学业，为学生后期成长提供帮助

在现代化社会发展的背景下，教育改革工作不断深化，对学生的自身成长与综合发展提出更高的要求与标准，学生在学习过程不仅需要从课堂上获取知识，还需要利用课下时间搜集多方面资料，不断对个人知识体系进行补充与拓展，使学生能够全面发展。在大学生学海生涯的过程，学生为了不断丰富个人知识素养，会经常到校图书馆获取相应的精神食粮。高校图书馆通过将现代化科学技术运用其中，实现对高校图书馆功能的延伸与拓展，有效增强读者之间的沟通与交流，为广大读者提供个性化服务。

1. 使学生能够正确选择辅导资料

在高校教育教学过程，给予学生充足的课外学习时间，图书馆成为高校大学生课外学习的主要阵地，在很大程度上为学生提供了可持续发展的空间与平台。图书馆中的参考书以及参考资料能够为学生的学习给予极大的帮助，适宜的参考书、参考资料能够有效提升学生的学习效率。尽管图书馆中拥有众多的参考书与指导资料，但是不同的专业、不同能力的学生所运用的参考资料有所不同。在智能阅读器的作用下，能够根据学生专业特点以及学生个体需求为学生提供个性化服务。与此同时，高校图书馆应积极与相关部分进行联合，请负责，帮助教师给学生提供具有针对性、可行性的推荐目录，为学生阅读与学习提供便利。

2. 使学生能够有计划地安排学习，有效提升考试通过率

考试是教育活动的重要环节，是检查学生学习情况的基本手段。学生想要顺利完成学业，需要通过每一项课程的考试。另外，学生除了基本的学业考试之外，学生在校期间还会参加各种各样的职业资格考试，如何顺利通过职业资格考试成为当代高校大学生的重要关注点。通过将现代化科学技术运用到高校图书馆建设活动中，能够根据学生备考需求提供相关的参考资料，使学生能够对自己的目标充满信心和清晰。

二、图书馆建设能够为读者交流提供必要条件

在当代图书馆建设活动中，读者在图书馆以及相关平台开展阅读活动时，经常会遇到这样或者是那样的问题，需要其他读者或者是图书馆相关负责人为其提供相应的指导，使读者能够正确处理在阅读过程所存在的问题。从传统图书馆建设情况来看，受时间、空间等因素的影响，读者与读者之间的沟通相对比较少，且图书馆相关负责人无法对读者的个性化问题给予所需的帮助。在新时期发展的背景下，先进的互联网技术被运用图书馆建设活动中，为广大读者提供沟通与交流的必要条件。具体表现如下：

（一）构建良好的信息交流平台

从我国高校图书馆建设历程来看，图书馆在长期的发展中逐步形成一套具有规范性、成熟性的日常管理系统，尤其是在"互联网＋"的作用下，借助现代化互联网技术以及相关硬件设施与软件结束，为广大读者创造能够相互沟通、相互交流的发展平

台，例如"读者俱乐部"、"读者之家"等。

（二）增强信息交流的组织功能

学生在图书馆于都与学习过程，除了专业知识外，还积累了参与和组织各种课外活动的经验，能够协助图书馆组织和策划各种交流活动。在"互联网+"图书馆发展的背景下，高校对学生社团管理工作日趋严格，每一位学员均拥有较强的组织性与记录性，为图书馆工作人员的管理提供便利。

（三）提供学术研究与技术指导

高校教师在高校就职过程不仅是教育者，更是教研者，除日常教育教学活动之外，还需要开展一系列的教学研究工作，在获取研究成果的同时，在学院内定期召开讲座，为图书馆推荐工作提供极大的帮助。

（四）创造物质基础与发展空间

高校开展图书馆建设活动能够为各种交流活动提供所需的物质条件与精神空间。在新时期发展的背景下，运用现代化科学技术手段开展图书馆建设工作，成为当代图书馆建设的必要手段。例如利用BBS（电子公告栏系统）等方式开展图书馆建设工作，能够有效拓宽读者之间的交流空间，实现对读者活动形式的丰富与拓展。

三、图书馆建设能够提高服务质量和水平

在新时期发展的背景下，高校开展图书馆建设活动能够有效提升图书馆服务质量与服务水平，实现对图书馆服务的延伸与拓展，增强图书馆的服务功能，全面推动图书馆的建设与发展。

（一）明确活动主题，突出思想导向

在高校图书馆建设活动中，将"互联网+"理念运用到高校图书馆建设活动中，能够明确各个阶段图书馆阅读活动的主体，突出阅读活动的主导思想，充分提高图书馆在高校思想文化建设中的影响力与号召力。为此，高校在开展图书馆建设活动时，需要全面落实设备、设施的维护与管理工作，使交流活动能够有序开展，明确各项信息交流活动的主体，突出信息交流活动的特点，及时做好信息阅读的引导工作，不断加强对教师、学生的阅读方法、阅读内容、阅读目标的监督与管理。

（二）优化传统模式，组织多样交流

在新时期发展的背景下，传统阅读模式已经难以满足当代阅读爱好者的物质需求与精神需求。高校通过将现代化科学技术运用到图书馆建设活动中，实现对传统图书馆建设模式的优化与升级，例如阅读俱乐部可以从阅读和学习经验的交流扩展到实践技能的交流。使高校大学生能够以组织、团体的模式开展阅读活动，在阅读过程相互交流经验、总结阅读成果、分享阅读乐趣。与此同时，高校还需要不断增强现场教育效果，邀请专家老师来自内部和外部的大学讲座，加强读者和扬声器之间的通信问题和答案的形式随着时间的许可和扬声器，最大限度满足读者的个性化需求。我们也应

该做一个好工作在预测各种活动通过黑板上报纸和其他信息公告系统,并介绍给读者演讲者或宿主的行为,研究领域和成就。

(三)借鉴工作制度,增强服务功能

为保证高校图书馆建设活动能够朝着制度化、规范化、一体化的方向发展,需要高校图书馆建设过程不断间接原有的工作制度,将原有工作目标、工作方法、工作手段为基础,运用现代化科学技术对其进行优化有整合,有效提升图书馆工作人员在本职岗位工作上的责任感,充分调动学生的参与意识,使学生在图书借阅的过程积极主动的参与到图书馆策划、组织交流的各项活动中。

(四)使用先进技术,利用各种资源

互联网已经成为人们获取和交流信息的重要方式,因为它可以向读者提供信息,快捷方便。校园网络使大学图书馆能够为读者提供更有效的服务。如果在图书馆网站上设置相应的链接,或者设置"专家邮箱",为学生提供与学生交流的虚拟空间,就可以帮助学生解决阅读和学习中遇到的问题。

第三节　电子移动图书馆如何为泛在图书馆服务

回顾这些年图书馆的发展,出现了数字图书馆(Digital Library)、虚拟图书馆(Virtual Library)、全球图书馆(Globe Library)、多媒体图书馆(Multimedia Library)、无墙图书馆等等提法。20世纪末又有学者提出了泛在图书馆(Ubiquitous Library)。以计算机、通讯、多媒体技术完美结合的网络给图书馆服务模式带来的将是脱胎换骨的改变。随着网络化社会的发展,新的图书馆服务理念应运而生。

一、"泛在"概念的历史渊源

无处不在的概念最初是由东京大学(university of Tokyo)教授坂村健(Ken sakamura)和施乐(xerox)首席科学家马克·威瑟斯(mark Withers)提出的。Ubiquitous,everywhere,来源于拉丁语,意思是无处不在,无处不在。1991年,mark weiser在他的文章《21世纪的计算》中提出了"泛在计算"的概念,强调通过将计算机嵌入环境或日常生活中常用的工具中,智能设备将在周围环境中无处不在。

2008年底,IBM首次在全球范围内率先提出了"智能地球"的概念。这是继"信息高速公路"之后,美国政府立即承认的一项新的国家信息化战略措施。2009年,中国政府提出了"感知中国"战略和"普适信息社会"国家战略。泛在网络作为服务于公众的信息基础设施,强调以行业为导向的基础应用,更好地服务于社会信息。

泛在网络包括现有的电信网络、互联网和各种私有网络。接入技术包括移动接入技术、固定宽带接入技术和传感器网络、RFID等短距离通信技术。泛在网络具有较强的环境感知能力和智能,能够为个人和社会提供各种信息服务和应用。无处不在的网络,人与各种设备和终端可以通过网络连接,世界上所有的信息都可以在全球网络中

共享。

二、泛在图书馆

泛在图书馆的概念是在20世纪末首次提出的。斯坦福大学图书馆馆长在讨论未来图书馆时指出，"应该创建无所不在的图书馆，让读者能够在任何时间、任何地点获得教科书或与教科书有关的信息"。马里兰大学在2003年进一步完善了图书馆的图书馆员的内容，并提出了在图书馆主要特征，强调了"通用"的图书馆是一个虚拟的图书馆和电子图书馆和数字图书馆更准确的描述未来图书馆的一种表达方式，随时随地读者可以使用任何网络通信设备获得你想要的任何信息。利用第三代移动设备，普适图书馆开发成为一种新的图书馆概念。一些外国人也称普及图书馆或扩散图书馆。谷歌、百度等国际知名搜索引擎公司推出了自己的在线图书馆。知名企业网络图书馆的引入，进一步加快了"泛图书馆"的发展，图书馆服务的普及是大势所趋。

泛在图书馆是一个科技含量高、涉及技术领域广泛的知识服务网络系统，其建设和发展需要全社会的共同参与。关于"泛在图书馆"的特征，南佐治亚大学的LiliLi在2006年提出了泛在图书馆的六大特征：一是全天候。图书馆利用信息技术、通信技术和自动化技术为用户提供不间断的服务，用户可以随时随地得到自己想要的信息。第二，网络。泛在图书馆是一种基于网络技术和通信技术的服务模式。第三，开始信息。无处不在的图书馆通过互联网向用户提供各种格式的信息。第四，开放。图书馆为用户提供了访问世界各地开放信息资源的途径。任何人都可以平等地使用图书馆的免费资源，不受时间和地点的限制。五是多语种。泛在图书馆为所有用户提供不同语言的信息资源，打破信息语言的壁垒，使更多的用户获得他们想要的资源，使不同文化背景的用户享有自由平等地获取信息服务的权利。第六，全球化。所有用户都可以成为信息服务的提供者，也是信息服务的受益者，所有用户都可以免费享受免费的信息资源。

三、图书馆泛在服务模式

泛在服务模型（泛在服务模型）是近年来提出的一种新的服务模式和服务概念。它的意义在于突破现有物理图书馆和数字图书馆的壁垒，打破传统的图书馆，了解真正的从用户需求的角度和行为变化，物理和虚拟图书馆服务嵌入用户研究和学习过程，倡导"用户在哪里，在哪里服务"，密切与用户的距离，创建图书馆服务和用户空间，时间，一个新的平衡状态的有机集成，为用户提供无处不在的服务。相比，相对与传统的图书馆服务模式在服务模式的服务对象和服务范围，强调知识产权法定条件，打破读者和读者壁垒外，博物馆的服务对象，将服务扩展到更多用户，尤其是网络用户，最大限度地扩大服务范围，服务内容和功能强调转换从简单的文档提供满足用户的多种需求，组织文档等各类资源，构建图书馆、文档管理软件、智能分析工具等各类信息环境，为用户提供服务。

四、移动图书馆使泛在服务从概念逐步走向现实

高校图书馆是为教学和科研服务的学术机构。服务对象主要是学校的学生和教师。主要任务是根据学校的性质和任务，收集各类信息和资料，进行科学处理和管理，为学校的教学和科研工作提供文献信息保障。信息技术从根本上改变了信息生产、传输和获取的方式和手段，而互联网则打着开放和自由的旗号，从根本上改变了人类的信息环境和基于纸张资源的信息获取模式。传统图书馆已经无法满足大学生的需求，高校图书馆在不断丰富自身信息资源的同时，还应利用互联网开放信息资源开展信息服务。如何使读者随时随地使用图书馆，使图书馆服务始终为读者服务，是图书馆员面临的问题。一些参与泛在图书馆建设的企业加快了高校泛在图书馆服务的速度，这对图书馆的发展是一个巨大的机遇。

超星电子移动图书馆的引入给高校图书馆无处不在的服务带来了希望，使"读者在哪里，服务就会延伸到哪里"尽快成为现实。超级之星提出的移动图书馆是图书馆普遍服务的一种度量，可以通过手持终端实现。众所周知，手机市场的发展非常迅速，手机用户的数量也在猛增。2012年3月，工信部发布了一份关于电信行业运营情况的报告，报告显示，全国移动电话用户达到了10.69亿。3G进入大规模开发阶段，3G的实现，使短信的传输不再是简单的短信，而是丰富的文字、声音和图片文件。以苹果公司为代表的移动终端。的 Ipad 得到了广泛的应用，为基于移动终端设备的移动图书馆应用奠定了良好的技术基础。移动终端设备已经能够浏览丰富的图片、文字、音频、Word、Excel、PowerPoint、PDF 等文件，并应用于各种移动设备，为实现移动图书馆提供了基础。因此，移动图书馆不仅可行，而且势在必行。移动图书馆的出现使读者无论身处何地都能实现快速查询的功能。具有 PC 客户端查询资源、读取全文、更改账户密码等功能，并具有图书阅读期限届满等独特的提醒功能。只要搭建移动图书馆平台，读者就可以通过手机等移动终端获取图书馆资源。

然而，大多数图书馆由 IP 控制数据库访问的资源，和手机的使用界面接口是完全不同的，和计算机的使用和数据库供应商提供接口只适合在计算机，使用，各种供应商提供不同的界面风格，几乎所有不适合使用手机，这两个问题限制手机的使用图书馆。超级之星移动图书馆平台在尊重数据加密措施的基础上，将各种数据库的不同接口转换为适合手机和移动终端的统一接口。

超级明星实现这一功能，移动图书馆在学校的原则设置代理服务器，代理服务器的 IP 范围内安装在一套完整的超级明星移动图书馆软件平台，通过该平台可以实现四个功能：用户身份验证、代理代理，页面转换检测分析能力和资源。在全文资源获取方面，超星移动图书馆实现了用户通过手机等移动终端通过代理服务器访问和获取图书馆购买的所有资源的全文。同时，图书馆购买的100条连锁图书具有文献传递功能，用户可以通过超级之星移动图书馆检索中国700多家图书馆的全文资源。在这些资源中，图书馆没有的资源可以通过文档传输的方式获得。读者只需通过手机发送一份文件发送请求，填写自己的电子邮件地址，应用程序的全文就会被发送到用户的电

子邮件地址。

　　在知识产权条件下，借鉴超星移动图书馆的方案，实现高校图书馆的普适服务模式。

　　未来，无所不在的图书馆将融入人们的日常行为，图书馆的服务范围将扩大到所有有读者的地方。越来越多的图书馆依靠资源和技术优势，帮助读者在更大的时间和空间范围内利用图书馆资源，最终实现"资源就在你身边"的目标。然而，受高校图书馆性质的限制，信息服务的对象是有限的，如何使高校图书馆的服务真正普及是值得我们思考的问题。

第四章　图书馆建设现状

第一节　图书馆资源开发的宣传工作

一、研究现状述评及研究意义

（一）国内研究现状

宣传工作具有主动性、推广性、导向性，根据不同的宣传目的，可以宣传不同的内容。例如，为了提高图书馆的知名度和影响力，可以宣传图书馆的基本信息和业务工作；为了提高读者搜索和利用图书馆的能力，可以宣传读者培训等相关内容。为了加强读者的参与和互动，可以对图书馆的特殊活动进行宣传。为了提高馆藏资源的利用率，可以对馆藏资源的开发进行宣传。

自2002年以来，图书馆宣传工作一直受到研究者的关注。目前，图书馆的宣传工作主要集中在图书馆的基本信息、业务工作、读者培训和专项活动方面，图书馆的信息资源宣传主要集中在数据库和电子资源方面。2009年以后，图书馆宣传工作的研究进入了一个更高的层次，强调了不同的宣传手段在宣传工作中的重要作用。唐杰在《论高校图书馆的宣传工作》（科技信息发展与经济，no. 2）一文中谈到充分利用各种网络平台，提出读者参与宣传的理念。6，2009）。在宣传手段上，有学者提出用手绘流行乐和微博进行宣传。在宣传策略方面，有学者提出将文学引入图书馆的文学宣传中，以激发读者的阅读兴趣。以马华为例，他在《高校图书馆资源宣传模式分析》（2010年2月，《农业图书馆与情报学杂志》）中提出图书馆宣传应以不同的读者为中心，总结出基于实用性、专业性、研究性论文和休闲娱乐的四种类型的宣传。

（二）研究意义

将宣传工作与馆藏信息资源开发工作相结合，在满足读者专题阅读需求的基础上，围绕主题开发相应的馆藏信息资源，开展相应的专题宣传工作。毫无疑问，馆藏信息资源的开发是第一位的，宣传是第二位的，但宣传的主动性、推动性和指导性对于提高馆藏资源的利用率有着不可替代的作用。因此，从宣传工作的角度探讨图书馆馆藏信息资源的开发具有独特的意义。

充分发挥宣传工作的积极性，有效地树立服务理念改变西藏投入使用，并改变被动服务为主动服务，充分发挥推广宣传工作，积极发展信息资源集合，提高收集信息的利用率，充分发挥宣传工作的方向性，探索潜在的读者的阅读需求，吸引更多的读者到图书馆，开发使用图书馆的习惯。

二、总体目标和研究内容

通过调研概括出读者特别是大学生读者的阅读主题，针对图书馆现有的馆藏资源以及人力资源等，论证图书馆在开发馆藏信息资源基础上，开展主题宣传的可行性，以及提高馆藏资源利用率的作用。

（一）主要研究内容

一是分析目前图书馆宣传工作在开发馆藏信息资源方面存在不足的原因。二是通过问卷调查的方式，对图书馆的读者从群体、年级、专业背景、兴趣爱好等方面进行需求分析，设计宣传主题。三是通过与营销学科的相关知识相结合，针对不同主题采用不同的宣传方法。四是通过分析图书馆现有资源及能调动的各方面资源，例如馆藏资源、馆员资源以及学生、学生社团资源，设计宣传方案，并论证其可行性与可操作性。

（二）拟解决的关键问题

我国图书分类系统的学科知识分类为学科知识的提取提供了参考，学科知识的交叉集成对学科内容组织的完整性提出了挑战。同时，如何将读者的需求与特定的馆藏资源相匹配是需要解决的关键问题。

研究局限性：主题宣传的效果只能在一定的时间后才能看到，不同的主题宣传之间应该有一定的时间间隔。因此，在本课题有限的研究时间内，很难全面总结宣传工作对提高馆藏资源利用率的影响。

创新点：图书馆宣传工作不仅是一般的行政工作，而且对促进图书馆馆藏资源的开发具有重要作用。

1. 研究视角创新：本文从宣传工作的角度出发，研究如何实现图书馆信息资源的开发，提高馆藏资源的利用率。宣传工作具有主动性、推动性和指导性，充分发挥其作用，可以促进图书馆信息资源的开发工作。

2. 研究视角创新：从读者对图书馆的使用角度出发，通过研究获取读者对阅读主题的兴趣，并在此基础上与馆藏资源进行匹配和调整，制定宣传计划。

3. 研究方法创新支持通过研究方法获得的初级读者阅读信息的研究。运用数据分析和统计方法，确保调查结论的科学性、合理性和客观性。在制定具体的宣传活动策划方案时，建议借鉴SWTO分析模型，论证对有效实施宣传计划的支持。

三、研究思路

首先，论证了当前图书馆宣传工作的不足，没有充分发挥其对馆藏信息资源开发和提高图书馆资源利用率的促进和指导作用，并分析了现状产生的原因。这是本文的研究基础。其次，说明读者对图书馆信息资源的需求在一定程度上受到制约。本部分将通过调查得到具体课题，图书馆资源以学科分类的形式存在。两者之间的匹配并不是中国图书分类中学科分类的简单对应。同时也说明，只有在图书馆信息资源开发的基础上，突出主题，引导宣传内容，才能有效地激发读者的阅读需求。第三，充分利用和调动相关资源，完成符合读者需求的馆藏信息资源开发。最后，论文认为，实施宣传工作计划应充分运用不同的宣传平台和宣传技术，以达到有效的宣传效果。

四、研究方法

（一）文献调查法

对有关图书馆馆藏信息资源开发及宣传工作的研究文献进行调查，了解图书馆基于馆藏信息资源开发的宣传工作的现状。

（二）实地调研法

到广西区内各高校图书进行调研，收集各院校宣传工作的宣传内容及其原因。

（三）问卷调查法

通过设置调查问卷，收集读者基于兴趣爱好等方面的主题。

五、项目研究进度、调研计划安排和实施步骤

前期文献分析阶段及准备阶段：2012年9月-2012年12月

问卷调查及数据分析阶段：2013年1月-2013年6月

调查结果整理阶段：2013年7月-2013年12月

形成调查结论阶段：2014年1月-2014年6月

项目成果形成论文发表阶段：2014年1月-2014年9月

第二节　图书馆自动化建设初级阶段的前期准备

随着Internet和计算机信息网络的建立，从网上获取各种信息的途径日益增多，方法日益方便、迅速和快捷，促进了社会政治经济文化教育的发展，使得作为文化信息阵营的图书馆更应站在时代的前列，改变落后的手工服务方式，增大文献信息量，满足读者的需求。在时代的挑战下，全国上下的大小图书馆逐渐从传统手工服务方式向现代化服务方式转变，自动化管理是实现图书馆现代化建设的必由之路。

一、图书馆进行自动化建设的意义

高校图书馆作为学校教学和科研的信息中心，应加强图书自动化建设，使图书馆工作人员能够更科学地管理图书，使读者能够更有效地利用图书和文献。

在新图书馆建设之前，图书馆大楼在20世纪70年代初就使用了老图书馆，容量小，阅读座位少，建筑简单陈旧，不能满足图书现代化的要求。近年来，高校财政资源匮乏，图书资料采购资金不足，书刊价格飞涨，严重影响了馆藏数量，这是制约现代图书馆管理的主要原因。为了学校的生存和发展，学校领导十分重视图书馆的建设，加大努力改善图书馆的状况。在学校领导的关心下，新图书馆于2000年底建成。新图书馆的建设为图书自动化建设提供了良好的环境。新博物馆占地面积3000多平方米，设有4个图书馆、3个阅览室和550个阅览室。书架反映了函数的综合收集和阅读，综合开架借贷，阅览室的面积超过图书馆的面积，降低的缺点收集的书籍和读者之间的分离，使其更方便读者查阅图书资料，并反映了现代图书馆馆藏布局格式。此外，新图书馆投入使用后，学校逐步增加了购书经费和各项现代化建设经费，给图书馆带来了无限的活力。

在新形势下，信息馆员将取代图书馆员，这就要求图书馆员的知识结构必须是高学历、多类型的。职称结构多层次，比例合理。在图书馆的17名工作人员中，大部分具有大专以上学历，各部门、各图书馆工作人员的文学、科学知识的结构和搭配也相对合理。中级及以上职称占员工总数的30%，初级职称占60%。在年龄结构上，年轻人占大多数。他们接受新知识快，知识结构更新快，科学技术意识强，成为图书馆自动化建设的生力军。图书馆自动化建设对于中小型图书馆来说，不仅是一个关键的事件，更是一个较为复杂的系统工作。图书馆采用计算机管理，实现自动化建设，不仅资金投入大，而且面临实施任务、技术、设备条件、人员素质等方面的困难，需要学校高度重视和精心策划。因此，图书馆从实际出发，加强自动化和领导力的建设作为一个整体，明确目标，自动化建设认真做好准备工作的计算机管理，借鉴他的馆成功经验，加强协调，科学合理实施自动化建设措施，一步一个脚印，扎实的图书馆自动化建设的准备工作。

二、实现自动化的目标

（一）方便读者检索

图书馆实现自动化管理，最大的受益者是读者，读者能快速度找到自己所需要的文献资料，是图书馆工作人员的主要目标之一。

（二）实现资源共享

全面实现自动化并加入地区网和全国网以后，可通过网络做到联机编目、联机检索和联机馆际互借等高层次的资源共享。建网是未来图书馆的要求，这是建设图书馆自动化系统的最高目标，也是在建设校图书馆自动化系统时应考虑的进一步发展的目标。

（三）摒弃手工作业

代替图书馆日常工作中大量繁琐而又重复的手工作业。包括图书采购查重、打印订单、书刊编目、打印卡片、编制新书通报、流通的借还登记、经费使用计算、期刊划到等操作管理工作。

（四）规范图书馆的业务工作

按标准的业务流程设计系统，用其软件可以使各项业务工作逐步达到规范化。

三、五个方面的准备工作

（一）思想准备

更新观念、纠正指导思想是建设现代图书馆的前提。学校领导以创新开拓的精神，全面规划图书馆工作，明确目标，明确实现图书馆自动化对教学和科研的密切关系和重要作用。同时，实现图书馆自动化不仅仅是电脑，而不是以前的手工操作的一部分，不仅仅是图书馆工作人员的问题，也是学校教育改革的一个重要组成部分，因此，支持图书馆自动化工作的主管部门，资源提供方便，安排相关人员去她哥哥的大学图书馆，获得经验，促进工作。

（二）业务准备

图书馆领导认为第一个图书馆实现自动化工作的起点从传统模式向现代模式的转变，重视和清晰的自动化的过程中，如何促进业务工作逐步走向规范化、标准化、如何最大化计算机的作用，尽量减少重复劳动，把重点逐步提高服务质量。如何收集与图书馆有关的信息，逐步完善图书馆外的信息系统是充分发挥自动化系统效益的重要条件之一。逐项学习，按部门学习，列清单，逐项解决。在实施自动化之前，有必要对自动化管理后的工作模式进行研究和确定，了解其与原有手工方式的具体区别，从而调整工作流程和人员组织。此外，还应考虑实现自动化来保留卡片目录，以保留哪一套这样的问题，以免浪费人力和财力资源。在目录系统中，最重要的问题是如何从无到有，从不完善到完善，逐步建立书目数据库。此外，必须事先特别仔细地研究循环系统如何运作。为了实现自动化，需要将采集到的文献信息输入计算机，建立读者信息库。图书馆需要借鉴其他实现自动化管理的图书馆的经验，根据自身情况确定工作流程。

（三）数据准备

书目数据的准备是最大的任务。书目数据是系统自动运行过程中的原材料。如果没有数据，即使是最好的硬件和软件也只能是"没有米饭的烹饪"。数据与文献的收集同样是图书馆为读者服务的物质基础，要不断提高质量，就必须打下良好的基础，把数据的建设放在重要的位置。在准备阶段，认真研究数据构建的总体假设，做好充分的准备，避免不必要的劳动浪费和返工。在等待资金落实的同时，积极启动数据库建设，真正启动自动化系统建设后，可以大大加快进度。

（四）人力准备

自动化建设必须有人去做。任何馆，不管大小，都应有1名（至少1名）业务人员能熟悉系统并负责经常性的维护工作，最好配备1名计算机专业技术人员。如条件有限，在自动化工作筹备阶段可在馆内物色1名熟悉图书馆业务、责任心强并有一定计算机基础知识的工作人员外出学习有关知识，为将来担任此项工作做准备。同时通过有计划地培训全馆人员学习计算机基础知识，最好是联系图书馆将来选用的软件来培训。

（五）设备准备

要实现自动管理，必须有计算机等硬件和图书系统的软件。与其他中小型图书馆一样，图书馆也是以计算机为基础的。选择合适的软件后，根据软件的要求以及学校和图书馆的条件确定硬件配置。一般来说，藏书20万到50万册的中小型图书馆基本可以满足小型计算机、局域网和多用户的需求。

随着图书馆自动化软件市场的发展，图书馆自动化建设的软件越来越多。选择合适的软件是实现图书馆自动化的关键环节，可以节省人力、时间和不必要的重复性劳动。从某种意义上说，图书馆自动化建设成功的关键在于网络系统的质量和适用性。

1. 数据库的格式

文献和书目数据库是图书馆自动化系统的资源。软件可以不断改进和改进，硬件也可以不断升级和更新，而数据是永久性的。因此，数据质量是一个值得我们特别关注的问题。UNIMARC（国际机读目录通信格式）和CNMARC（中国机读目录通信格式）是我们用来识别软件中数据格式质量的标准。目前我国运行的图书馆自动化系统完全符合unimarc.cnmarcr格式。深圳图书馆开发的ILAS（文化部重点科研项目"图书馆自动化集成系统"集成系统软件、北京西阳电子信息技术研究院GLIS集成系统软件等）。

2. 数据库管理系统类型

数据库管理系统是计算机管理数据的一种工具。其管理模式直接影响到自动系统数据访问的效率和速度。我们的图书馆是一个中小型图书馆，它要求系统具有较高的针对性，功能齐全，界面友好，节省了系统的空间成本。系统对运行环境要求低，修改和扩展灵活。虽然深圳图书馆的ILAS更适合，但是这个软件系统的修改和扩展必须由开发者来完成，这是非常麻烦的。

3. 系统功能

主要是考虑输入输出功能、统计功能、查询功能、管理功能以及系统维护功能、自动恢复功能等是否完备。

4. 系统的安全性与可靠性

了解软件对用户权限控制的办法、对数据正确性的检查办法以及一旦数据被破坏能否恢复等。图书馆在当今时代已进入无围墙、电子化、数字化、网络化、虚拟化时期，学校图书馆只有站在时代的高度，从图书馆网络化、资源共享的视角来对自动化建设进行全盘考虑，才能实现图书馆自动化建设。

第三节　教育产业化语境中图书馆产业化

在我国，教育产业概念是国外教育产业理论和我国市场经济条件下教育发展实践的产物。从经济学的角度来看，教育之所以能够成为一个产业，与教育的生产属性有关。教育同物质生产一样，具有生产的性质。它是人类社会的产物。摘要在教育产业化的背景下，对图书馆产业化进行了分析，认为图书馆的劳动是知识的加工和生产，知识生产出信息产品，也具有生产能力。因此，从国民经济的角度来看，图书馆既是事业也是产业。图书馆产业化理念的确立和公共福利与管理关系的处理，对加快图书馆的发展具有十分重要的意义。

一、教育产业化的知识考古学

关于工业和教育工业问题的讨论始于 20 世纪 80 年代，1999 年第三次全国教育工作会议前后达到高潮。教育产业理论具有两大主导背景。一个是教育本身。近年来，随着九年义务教育的普及，非义务教育特别是高等教育的入学率急剧上升，这就导致了对增加教育投入、扩大教育供给的需求。第二，中国的宏观经济问题。中国宏观经济存在需求不足、供给过剩的状况。由于教育，尤其是高等教育，是仅存的"卖方市场"之一，人们希望通过教育刺激消费和投资，以推动经济增长。

为了讨论教育的产业化，必须首先明确产业和教育产业的概念，分析教育产业概念的来源和定义教育产业的内涵，然后探索教育在中国的工业化和实现基于中国的实际国情。一般意义上的工业是指生产企业、行业和部门的集合。在第三产业快速发展的今天，现代产业的概念被赋予了更广泛的内涵。产业属性突出了以提供劳务为主的业务内容。第三产业是指不直接产生物质财富，向社会提供邮电、通信、信息、教育等服务的第三产业。从这个意义上说，教育作为一个产业是自然的。目前，教育产业的内涵是从产业的角度来界定的，它有狭义和广义两大类。狭义的教育产业仅指教育单位的生产活动。它的产品是教育服务，通过受教育者对教育服务的接受，提高教育质量，促进社会生产力的提高，体现教育产品的价值和使用价值。从广义上讲，教育产业不仅包括教育单位开展的生产活动，还包括围绕教育资源和教育对象开展的生产活动。

在市场经济体制下，经济、社会、科技、教育等行业的运行过程都不同程度地受到市场经济的影响，并受到市场规则的直接或间接调控。在这样的经济环境下，只要管理者的教育政府改变了对教育的态度和教育服务，在某种程度上，承认公共教育产业和教育服务的公共产品属性，市场机制将很快发挥监管作用领域的教育，在这一点上，教育的产业属性将逐渐显现。从发达国家教育发展的历史进程来看，教育市场化改革在确立其主导地位之前也经历了长期的争论。例如，美国在教育领域的领先地位首先归功于教育产业公司的发展。美国有许多投资公司从事"营利性教育行业"。美国教育行业也受益于接收外国学生，这是美国服务业第五大出口收入来源。

二、教育产业化的经济学探析

人力资本理论认为，资本与劳动力是异质的，人力资本也是资本的一种形式，人力资本投资有利于改变收入分配的现状。无论是个人还是社会，对人力资本的投入和对物质资本的投入是一样的，都必须有相应的效益。人力资本最重要的投资是教育投资。经济以知识为基础，知识产业化，只有教育发展、生产、传播大量新知识，才能更有效地促进经济发展。只有接受更高水平的教育，才能在社会竞争中处于有利地位，获得更多的就业机会和经济回报。教育可以成为一个产业，这与教育的生产属性有关。人类生产不仅局限于"物种繁殖"和"人口控制"，还应通过教育全面地包括人的形成，不断提高人的素质和素质。因此，教育是人类生产的重要环节。教育同物质生产一样，具有生产的性质。它是人类社会的产物。这种教育的生产属性决定了教育产业化的基础。

目前我国教育领域存在的主要矛盾是投资不足和社会教育需求增加，而教育产业化可以在一定程度上缓解这一矛盾。教育市场的供给包括数量和质量两个方面：数量供给是指学校能否提供硬件设施和教师来满足人们的需求，这主要取决于教育能否吸引足够的资金。质量供给是指教育质量能否满足人们的需求，这主要取决于教师自身的水平和教学态度。由于长期计划经济形成的固有模式，人们认为教育是由政府提供的，只有国家认可，社会认可。因此，我国政府只能用1%的教育经费来支持世界上15%的教育人口。

西方发达国家实施教育产业化战略，教育产业化模式主要包括公立和私立学校模式，工业操作模式，大学公司模式，科学和科技园区模式和教育输出模式，等，有重要的参考价值教育的产业化开发在中国市场经济的过渡情况下。从发达国家的经验看，教育产业是一个多层次、多维度的系统，需要各级各类学校教育和专业服务产业为核心，教育基础设施，教育设备生产和校办产业行业产学研结合教育的支柱工业分支机构相关服务，是一个全面的行业最边际效益。

三、图书馆产业化的制度经济学分析

图书馆产业化是指图书馆事业的公益性生产管理，它是以市场为导向，将图书馆信息服务产品的生产、流通、交换、消费的各个环节联系起来，形成一个完整的产业体系，计算投入与产出，提高图书馆业务流程的经济效益的一体化。图书馆的劳动是知识的加工和生产。它生产信息服务产品，并且是多产的。图书馆产业是从国家经济统计的角度提出的，图书馆既是事业又是产业。指出图书馆产业化的目标是原计划经济下图书馆企业的纯福利和公益。在当前的市场经济和知识经济条件下，图书馆企业的生产经营应得到重视。发展图书馆产业就是发展图书馆事业。

所谓图书馆产业，实际上是社会主义市场经济条件下图书馆事业的一种新表现。图书馆产业化不是放弃经营企业的事业，而是改变经营机制，促进其经营成果的二次转化，实现二次产出，将具有良好社会效益的成果转化为经济效益。企业向产业的转型是企业自身属性的回归，是一种转型的方法。

图书馆的产业化并不意味着图书馆工作的所有内容都可以变成商品，也不意味着整个图书馆都可以变成信息产业。但在市场经济条件下，图书馆作为知识的基础产业，也应该借鉴企业的管理模式，把图书馆作为文化事业的一部分。同时，要实现图书馆的可持续发展，必须对其产业化进行调整。准确把握二者之间的关系对图书馆的发展至关重要。图书馆作为信息产业的一部分，不应该阻碍信息产业的发展。近年来，信息产业的快速发展和可观的经济效益，带动了传统产业的发展和繁荣。由于图书馆企业跟不上信息产业的发展步伐，已经形成了信息产业发展的瓶颈效应。图书馆产业化只有与信息产业发展同步，才能促进信息产业的发展。

四、高校图书馆产业化的展望

图书馆作为知识信息的收集、整理、处理、储存和传播中心，是我国最大的文献信息收集和分发中心，是推动社会发展的重要力量。高校图书馆收集各类图书、期刊、报纸、研究报告、学位论文等印刷和电子文献，其数量和质量是其他信息咨询机构无法比拟的。高校图书馆所收集的文献资料种类齐全，学术性强，具有较高的智力价值，能够反映当今世界科学技术的最新水平和发展趋势。为对外开展信息服务提供了理想的文件和信息保障。在知识经济时代，高校图书馆其他信息咨询中发挥着不可替代的作用，它能迅速正确确定文献信息的价值，提高文献信息的质量，提供高质量的信息咨询服务，不仅服务组织，也是获取知识、加工厂、存储知识的宝库，是信息交流的重要方式，知识交流，它的成长在很大程度上影响着人力资源的培养和社会经济发展的工作效率。

知识经济的发展促进了高校图书馆自动化和网络化的发展，使高校图书馆的工作能力有了很大的提高。应用了快速传输文档信息的现代化设备，以电子计算机技术为核心的自动化系统和以电子阅览室为龙头的网络系统已进入实施阶段。日常工作不再简单，传统的手工操作，而是利用计算机技术对传统的收集、分类、汇编、编码、流程进行现代化管理，大大提高了工作效率。同时，高校图书馆还拥有一支具有一定科研能力的专业队伍。他们热爱自己的岗位，工作刻苦，具有较高的职业道德，较强的职业素质，勇于探索，为高校图书馆的产业化建设奠定了人才和技术基础。

第四节　边疆图书馆在富民安边中的作用

随着国家西部大开发以及兴边富民工程的进一步推进，广西社会各项事业得到了很大发展，在一定程度上促进了边疆地区公共图书馆建设。如何更好地为广西边境地区各族群众提供信息服务，满足边境地区各族人民的文化信息需求，促进社会主义文化事业发展，促进边境地区的社会和谐，更好地实现图书馆为公众服务的重要功能，是每个边境地区图书馆人肩负的使命，值得边境图书馆人探讨和研究。

一、公共图书馆的概念

目前，世界上许多国家对公共图书馆的意义认识不尽相同。iso2789颁发国际标准化组织-1974（E）的规定国际图书馆统计标准，它的定义是：公共图书馆是免费或仅略费，作为一个群体或地区的公共服务在图书馆，他们可以服务大众等特殊类别的用户或孩子，工人和其他服务，它全部或大部分接受政府资助。在中国，公共图书馆是对公众开放的图书馆。它们由国家和人民群众管理，为人民群众服务。

吴伟子先生在他的书中提到了公共图书馆的定义：公共图书馆是由国家中央或地方政府管理、资助和支持的免费为公众服务的图书馆入口。余良志先生认为，公共图书馆区别于其他图书馆最根本的特征是资金来源。第二个是它的用户范围。公共图书馆的经费主要来源于地方财政，这就决定了公共图书馆是由地方财政拨款维持的公益事业。公共图书馆区别于其他图书馆的另一个基本特征是它的用户基础。一个地区的公共图书馆对所有社区成员开放，不论他们的年龄、性别、种族或社会阶层。由此可见，公共图书馆最大的特点是公共图书馆是政府的事业，经费来源于政府，服务对象是大众。

二、"兴边富民工程"

国家民族事务副主任杨建强同志在国家民族事务网站上接受采访时说：兴"行动是1999年，国家发展和改革委员会、财政部联合国家民族事务，如边界倡议发起的建筑工程系，135年是我国实施的范围在伊春（国旗、市、市辖区）和新疆生产建设兵团58边境团场。这项行动的目的是振兴边界和使人民富裕。通过加强政府组织和领导，动员全社会参与，增加投资在边境地区和边境的支持，尽快开发的边境地区，边境尽快丰富，在发展中进一步增强爱国主义情感，加强各民族的大团结，最终实现富民的目的，兴，权力和睦邻使用。

由于历史、地理和自然原因，边疆地区在社会发展方面远远落后于内陆地区，面临着许多特殊困难。因此，关心和支持边境地区加快发展稳定具有特殊而重要的意义。"兴边富民"工程关系到民族团结、边境稳定与巩固，关系到全面建设小康社会和社会主义和谐社会的进程，关系到国家的长期和平稳定。

边疆文化和谐是社会和谐的组成部分，是国家稳定和社会稳定不可忽视的重要组成部分。因此，要在振兴边疆、富民行动中大力发展文化事业。这有力地支持了边境地区图书馆的建设和发展。

三、桂西南中越边境地区图书馆建设调查研究

中国陆地边界2.2万公里，有135个边陲县，其中107个是民族自治地方。边境地区总面积为212万平方公里，约占全国总面积的22%。边境地区总人口2050万，约占全国总人口的1.6%，其中少数民族人口占51%。它与14个国家接壤。广西西南部有两个边境地级市，崇左市和百色市，都是毗邻越南的边境城市。

崇左市位于广西西南部，是广西西南部的政治、经济运输中心。辖江州区、扶绥、宁明、龙州、大新、天河五县，辖萍乡市。总人口2802万，居住在壮族、汉族、瑶族、苗族、回族、侗族、水族、北京市等少数民族。壮族人占总人口的89%，这是中国壮族人口的比例最高在县一级，总人口约227.9万，其中城市人口约455300人，农村人口约为1809800，38个城镇和41个乡镇。崇左市图书馆7个，藏书64.33万册，市公共图书馆1个，县级图书馆6个，县级图书馆（室）7个，村级图书馆24个，其中边疆县图书馆4个。

百色是广西壮族自治区最大的城市，南面与越南接壤。作为一个少数民族地区，这里居住着七个民族：壮族、汉族、瑶族、苗族、彝族、格鲁族和回族。少数民族占总人口的87%，其中壮族占80%。百色作为一个边境地区，与越南接壤365公里。靖西县和纳波县毗邻越南。边疆人民长期以来肩负着保护和发展边疆的双重任务，做出了巨大贡献和牺牲。百色市现有图书馆12个，藏书108万册7个，其中边境图书馆2个。

2008年，《公共图书馆建设用地指数》和《公共图书馆建设标准》确立了以服务人群为主确定公共图书馆建设规模的原则。服务人口不足20万人的，应当新建小型公共图书馆800—4500平方米。新建中型公共图书馆4500至20000平方米，服务20万至150万人；新建大型公共图书馆20000至60000平方米，服务150万至1000万人口。

这两个文件确立了公共图书馆建设规模的确定原则，主要是在为人民服务的基础上。服务人口定义为服务范围内的常住人口。根据这一原则，公共图书馆的规模将不再完全取决于行政水平，而主要取决于服务人群。第一次，它清楚地提出了公共图书馆的规模控制建设主要指标在中国在未来五到十年，如人均拥有公共图书馆的书0.6到1.5卷，0.3到2 1000人的座位，6－23平方米1000人。分类的必要条件之一省、地方和县级公共图书馆，为地市级公共图书馆的一个必要条件是，"在地市级图书馆的建筑面积不小于8000平方米"，其中一个县级公共图书馆的必要条件是"在地市级图书馆的建筑面积不小于3000平方米，市区图书馆面积不少于2000平方米。地市级二级库的一个先决条件是，"图书馆的建筑面积不得少于6000平方米"，县级二级库的一个先决条件是，"图书馆的建筑面积不得少于2000平方米，和市区库不得少于1500平方米"。百色市和崇左市市区人口300000（不含40），这座城市的300000人口到40（不含40）比城市设置中型图书馆从5500年到5500平方米，建筑面积控制百色市指数和左部图书馆建筑面积仅为2540平方米，3364平方米，分别有一个相当大的距离下限指标。

根据2009年广西统计年鉴数据，到2008年，广西图书馆公共图书馆100年，员工

1482人，图书购置费859.4万元，399000年的四个新书籍，6中越边境地区县级图书馆，崇左市萍乡城市图书馆，龙州县图书馆，宁明花山县大新县库坡县图书馆，京西县，百色市库，除萍乡市常住人口不足20万外，全县其余人口20多万。根据《公共图书馆建设用地指标》和《公共图书馆建设标准》，边疆地区图书馆面积应在4500平方米以上，人均藏书0.6册以上。例如，崇左县图书馆建筑面积3364平方米。截至2008年，崇左市公共图书馆藏书64.33万册，人口2.40万，人均藏书0.26册。

目前广西图书馆数量不足。一位图书馆领域的学者曾经说过，中国的图书馆是极其贫乏的。的确，由于各种条件的限制，我国图书馆事业的发展并不十分迅速，但是，虽然条件不尽如人意，各级政府仍在努力工作，这种精神是值得称道的。正如崇左市江州市政府2009年2月工作报告中提到的，在农村社会服务项目中，将在年内建成两个乡镇综合文化站，并逐步配备文化活动设施。筹集资金46万元，兴建19户农家。开展农村文化活动，筹集资金，购买农业科技图书送边远农村图书馆。

2009年2月的政府工作报告中也提到了百色县。县长姜振辉表示，2008年投入60万元，完成了县级图书馆行业信息和知识共享项目。在报告中提出，在2009年，项目涉及的主要工作部署图书文化产业，投资250万元实施建设龙，德隆-威廉姆斯，莉莉，南方，如萍孟五乡镇综合文化站（镇）和9村文化活动室，投资300000元建设住宅、最好的所有三个乡（镇），省信息共享项目乡（镇）分中心、投资50万元，实施县图书馆建设项目。

根据2012年广西年度公共图书馆统计数据，广西西南地区图书馆在资源建设、读者服务、人力资源建设等方面都在发展，但发展相对缓慢。

从某图书馆的数据（见上表）可以看出，在信息时代，年度购书经费严重不足，图书馆的电子图书、数据库等资料实际上为零。

四、图书馆与富民安边

作为具有保护人类文化遗产、开发智力资源、传播科学信息、开展社会教育等功能的公共图书馆，在繁荣边疆、富民行动中发挥着重要作用。经济发展促进图书馆发展，图书馆依靠经济发展，图书馆的发展与社会的经济水平息息相关。图书馆的发展需要社会提供资金和物质资源的保障。经济发展水平在很大程度上也决定着人们的教育水平。图书馆对经济的促进，从根本上说是精神部门对物质部门的作用。在整个社会的再生产过程中，不仅有物质材料的再生产，还有精神产品的再生产。图书馆是精神产品的再生产场所。在当今世界的竞争，主要表现为科技的竞争，科技的竞争，科技和竞争信息，社会经济发展的速度，科学和技术的进步越来越取决于程度的开发和利用的信息，信息资源的开发和利用已成为主要驱动力，促进社会经济的发展。荷兰人塞普斯特拉认为，一个社会如果没有组织良好的图书馆，就不可能富裕。

五、结语

对于经济欠发达地区的图书馆来说，财政资源的缺乏仍然是一个现实问题。从2012年广西年度公共图书馆统计数据可以看出，广西西南地区的图书馆在资源建设、读者服务、人力资源建设等方面都在不断发展，但发展相对缓慢。

如上表所示，一些图书馆购书资金严重不足，影响了文献资源的建设和发展。图书馆电子图书、数据库等资料的缺乏是对信息时代图书馆发展的讽刺。如何得到政府更多的关注和支持，整合区域内的公共文化资源，提高图书馆服务的专业性，更好地满足公众的文化需求，仍然是广西西南地区公共图书馆发展的重要方面。

由于种种原因，广西西南边疆地区仍有一些贫困地区。总的来说，图书馆的发展还比较落后，不适合经济和社会的发展。图书馆是政府的事业，政府是图书馆经费的主要来源。政府在资金配置、政策制定、人员安排、组织规范等方面对图书馆的发展进行控制。边疆地区文化遗产丰富，如纳波的黑人壮族文化、宁明的华山文化等，都需要图书馆承担起保护人类文化遗产的责任。边境图书馆要实现自身存在的价值，应充分发挥文献信息资源优势，加强经济服务，积极开展政府支持下的丰富多彩的群众性文化活动。重点从农村文化、社区文化、学校文化、机关文化、企事业单位文化、军营文化等方面建设边境文化走廊、先进县城、文明边境。我们将与有关部门合作，办好少数民族传统节日，增强民族文化影响力，增进外界对边境地区民俗风情的了解，加强与各国的文化交流与合作。加强农村和基层文化资源建设，提高农民综合素质，把"振兴边疆富民"工作与图书馆事业充分结合起来。

第五章　公共图书馆文献资源建设

在新时期发展的背景下，文献资源建设成为当代图书馆发展的物质基础。受世界经济全球化、物质文明多元化的影响，文献资源载体类型正逐步朝着多样化的方向发展，构建多为一体信息储藏并存的新格局。在"互联网+"的作用下，通过将先进的互联网技术运用该到高校图书馆建设活动中，为高校信息资源传播提供诸多便利，使信息传播活动更方便和信息全球化，网络，智能。

第一节　如何加强公共图书馆文献资源建设

一、全面落实公共图书馆文献资源建设的有效途径

在新时期发展的背景下，公共图书馆建设成为新时期发展的重点内容之一，需要全体社会群众提高对公共图书馆建设工作的重视，通过公共图书馆的发展与进步带动相关产业的改革与创新，全面推动人类的进步与社会的发展。文献资源作为公共图书馆建设活动中的重要内容，在公共图书馆建设活动中占据不容忽视的地位，为全面落实公共图书馆建设，需要从文献资源建设入手，从多渠道出发，运用多种手段将公共图书馆的文献资源建设活动全面落实到位。

（一）全面坚持"以人为本"发展战略

"以人为本"作为我国当代社会发展的重要战略，在我国社会发展进程中占据不同忽视的地位，是推动我国社会各个领域发展的重要指南。因此，在公共图书馆文献资源建设活动中，我们同样不可忽视"以人为本"战略在图书馆文献资源建设中的重要性与发展性。

在公共图书馆文献资源建设活动中，需要将读者服务作为文献资源管理构建的基础，通过不断对公共图书馆的各项资源进行完善与整合，有效推动公共图书馆的发展与进步，使公共图书馆内部的文献资源能够满足广大受众群体的实际需求，充分调动读者阅读的积极性与主动性。因此，在公共图书馆文献资源建设活动中，应全面坚持

"以人为本"发展战略，根据广大受众群体的实际需求，为其提供个性化服务。

（二）重视传统印刷型文献的收藏

在文化建设活动中，应全面提高对传统文化的继承与发扬工作的重视。公共图书馆作为文化资源的重要储存场所，在整个发展进程不可忽视对传统印刷型文献的收藏。在现代化互联网技术的发展下，不少公共都投入到电子资源收集与储存工作中，在一定程度上对传统印刷型文献资源的收藏工作产生忽视，导致图书馆现有资源存在一定的片面性，缺乏可靠的理论依据。

因此，从长远发展视角来看，公共图书馆的文献资源建设活动依然需要将印刷文献资源作为文献资源的建设重点，保证公共图书馆的馆藏资源具有较高的科学性与稳定性，并对各类印刷文献做好分类整理工作，最大限度满足读者的各种节约需求。流通速度很低，书刊流通缓慢，应妥善整理，或密密的贮存，或挑旧的。

（三）加强电子文献馆藏资源的建设

在"互联网+"发展的背景下，电子图书成为新时期发展的主流，是当代公共图书馆建设活动中不容或缺的藏馆资源之一。在今后的发展中，图书馆应全面做好电子文献馆藏资源的建设活动，充分利用电子文献资源的简洁性与高效性，有效提升数字文学在图书借阅活动中的利用率。因电子书与纸质媒介相比，具有价格低廉、传递方便等特点，在图书借阅过程备受欢迎。

电子书在阅读过程需要依靠电脑、智能手机、平板电脑等具有智能化电子设备的支持，这一阅读方式备受年轻一代的喜爱，有效激发年轻受众的阅读兴趣，使越来越多的人能够参阅到阅读活动中。

（四）重点建设地方特色文献资源

地方特设文献资源主要涉及以下几方面的内容：当地历史，作品，本地记录，当地报纸，书籍，当地的编年史，当地的百科全书，当地人员应用形式，当地重点，当地的音频和视频数据，文献资源建设等领域的地方文献书目工作。

地方文献资源建设必须实现"人无所拥有，人无所长"的目标，才能体现其收藏的价值。摘要随着地方文献数量的不断增加和图书馆经费的日益紧张，地方文献的搜集工作也越来越困难。因此，公共图书馆应通过宏观调控，使各系统、各单位、各部门在区域范围内将自身的地方文献资源建设纳入地方文献资源建设体系，统筹规划、协调管理，共同建设地方特色文献。

二、公共图书馆文献资源建没需注意的事项

（一）公共图书馆文献资源建设的区域间协同

通过上文分析，从中我们能够直观的了解到公共图书馆文献资源建设工作需要将良好的网络环境为前提，并赋予公共图书馆文献资源一定的地域特色。文献资源除了在特色领域进行深入全面的文献建设外，还停留在满足基本需求的水平上。为了解决

这一问题，公共图书馆在建设过程需要做好区域间的协同工作，具体表现在以下几个方面：

一方面在现有图书馆的建设的共建共享网络或系统，如中国高等教育文献保障系统（CALIS）、国家科技文献资源、网络服务系统，国家医学图书馆资源共享网络，数字文献资源共享网络在上海和浙江区域网络文献资源共享，等等。进一步推进区域图书馆联盟建设，形成区域间文献资源协同建设新局面。目前拥有德国、柏林和勃兰登堡图书馆合作网络、共同图书馆网络、北莱茵河威斯特伐利亚图书馆服务中心、黑森州图书馆信息系统、巴伐利亚州图书馆网络、巴登符腾堡图书馆服务中心等六个区域图书馆网络，覆盖德国各地。

（二）公共图书馆特色领域文献资源建设中专业性的问题

1. 放弃大的和完整的文档建设方式

当执行文档的建设特点，公共图书馆应该放弃大的和完整的方式，同时确保满足用户组的基本需求，他们可以适当选择人员和资源从其他领域关注的重点建设领域的特征。

2. 提升特设领域建设的经验与能力

构建专业数据库需要从建设能力与建设经验入手，不断增强特色领域的建设经验建设与建设能力，实现对公共图书馆特色资源的优化与整合，全面做好公共图书馆特色资源的宣传工作，吸引广大专家学者的应用与反馈。为此，公共图书馆需要创建一个专家型的用户数据库，根据专家对公共图书馆信息的使用情况与信息反馈情况，最专家意见、建议进行总结，不断提升公共图书馆文献资源建设水平，有效带动图书馆服务功能的优化与升级，为公共图书馆建设打造全方位、多渠道的发展空间，将公共图书馆特色资源建设提升到更高的发展水平。

3. 扩大文学建设社会效益

在文学特征领域的建设达到一定水平，公共图书馆可以配合大学或研究机构进行特定的服务项目，通过实际测试的影响文献建设活动，找到文献建设的不足，扩大文学建设的社会效益。

（三）公共图书馆特设领域文献建设的出发点与落脚点

公共图书馆在特色资源建设活动中，应正确把握该资源建设活动的出发点与落脚点，全面做好图书馆管理职能的分配工作，确保图书馆文献资源的丰富性与开放性，具体从以下两个方面着手：

1. 构建一套指导用户获取博物馆导航系统

公共图书馆的文献资源建设，以满足用户的基本需求问题首先，要是在这个领域的功能提供给用户社区最基本的文献资源，必须需要用户需求领域的专业指导，即建立一套指导用户获取博物馆导航系统领域的特征信息，引导用户获取所需的信息和渠道。在合作图书馆组织中，每个图书馆都有明确的职业分工，所以这种职业分工的状态和馆藏情况需要向组织内每个图书馆的使用者开放。

2. 与用户构建良好的互动关系

在当今信息爆炸的时代，很难界定用户的基本需求，从而提供合适的文献资源。要向用户明确图书馆文献建设的规划和目的，然后与用户建立良性互动，整理和整理用户的需求，通过统计数据分析和专家咨询，建立最有效的文献资源。

第二节 公共图书馆文献资源建设的内容

一、公共图书馆文献资源建设的基本内容其基本内容主要包括以下三个方面：

1. 根据本馆的性质、任务、读者对象、发展方向以及年购书经费指标的实际情况等，制订切实可行的文献资源建设原则、收藏范围、收藏重点和采购标准。并根据需要与可能，制定长远的文献资源建设规划。

2. 根据已确定的本馆文献资源建设原则、范围、标准和计划，通过各种途径，及时、准确地选择和收集必要的文献资料。

3. 加强与本地区、本系统及其他图书馆的相互协作，切实搞好馆际文献协调工作。

三个方面文献资源建设的基本内容是互相关联、相辅相承的，忽视或削弱其中的任何一个方面，都会直接影响收藏的质量。

二、正确处理文献资源建设中的几种关系

公共图书馆的文献是长期积累而成的，文献收藏体系的形成，往往需要长时间的积累才能见效。形成科学的藏书体系，不仅使图书馆具有本馆特色，而且能更有效地为读者服务。要搞好文献资源建设，还要在基本原则的指导下，正确处理好以下几方面的关系：

（一）重点文献与一般文献的关系

由于具体情况不同，出版物种类的千差万别，任何图书馆都不可能也没有能力对不同的文献等量齐观、兼收并蓄，而必须区别对待，这就有了重点与非重点之分。重点收藏要求系统、完整、全面、及时。在抓好重点收藏的同时，也要兼顾读者多方面的需要，有选择地补充一般性的藏书，发挥图书馆的多种职能和作用，特别是公共图书馆。重点与非重点，既要看到它们的相对稳定性，又要随时注意他们的相对转化性。

（二）数量和质量的关系

总的来说，要数量、质量并重，在选择文献时，既要强调质的方面，也要注意数量。一个图书馆没有基本数量的藏书，质量也无从谈起，要在保证数量的前提下追求质量。

（三）品种与复本的关系

正确处理品种与复本的关系，是贯彻节约经费、提高收藏质量的重要体现。经费有限，品种和复本之间总是存在一定矛盾。要处理好品种与复本的关系，必须因时、因地、因书、因馆制宜。

（四）当前需要和将来需要的关系

满足当前需要，是图书馆为读者服务义不容辞的职责。但事业总是发展的，而文献资料总有一个积累过程，不能临渴掘井，必须有一定的眼光和规划，恰当安排各类文献的比例。

第三节 公共图书馆外文文献资源建设

外国文学资源是读者了解外国政治、经济、文化的窗口。新时期公共图书馆外文文献资源建设对于掌握最新的国际科技发展现状和研究成果，及时掌握现实发展中热点问题的信息和信息源具有重要意义。因此，外语文献是公共图书馆文献建设的重要组成部分。目前，在公共图书馆的发展过程中，外语资源的利用率一直较低。如何建设新时期的公共图书馆外语资源，是当前公共图书馆管理应关注的重要课题。因此，研究新时期公共图书馆外文文献资源建设具有重要的现实意义。鉴于此，笔者对新时期公共图书馆外文文献资源建设作了初步探讨。

· 关于公共图书馆外文资源建设的概述

公共图书馆外文文献开发应该坚持整理、开发、利用同步进行的原则，在整理开发阶段有步骤地实施对读者的开放。关于公共图书馆外文文献资源建设，下文将从外文文献开发的意义、外文文献开发的方式、外文文献开发的思路三个方向来探讨，其具体内容如下：

一、外文文献开发的意义

（一）保护人类文化遗产

文献是人们获取知识的重要媒介。各个民族、各个时代的文化成果载人文献以后，便能成为全人类的共同精神财富，为后人研究所利用。公共图书馆中发挥文献的这种特殊功能，全面系统地揭示馆藏文献信息，是保护人类文化遗产的重要举措。公共图书馆外文文献资源建设，为读者提供一个检索研究外文文献的平台，可以达到更好地保存人类文化遗产、加强对外文化交流的目的。

（二）促进文献资源共享

文献资源共享是今后图书馆发展趋势，公共图书馆也不例外。公共图书馆外文文献资源建设通过积极整理开发外文文献，建立相应的文献数据库并纳入共享服务网络系统，能够更好地对读者开展目录查询、信息检索、文献传递等网络化外文文献服务，以达到促进文献资源共享的目的。

二、外文文献开发的方式

（一）基础性开发

外文文献的基础开发包括采购、馆藏、分类、编目以及目录、题录、索引、检索等内容。采购外文文献要保持文献的系统性、连续性、时效性，体现和突出馆藏特色。在公共图书馆外文文献资源建设中，采购外文文献时除了保持文献的连续性，还要注意文献类型的多样性，既要购买印刷型的书和期刊，也要购买电子型出版物。

（二）深层次开发

深层次开发包括对外文文献进行简评、综述以及编制专题目录、专题汇编、编译报道等。在公共图书馆外文文献资源建设中，如对外文核心期刊最新科研成果进行专题汇编，对一些重大课题进行信息调研和科研查新服务，利用外文文献进行专题跟踪服务。

（三）数字化开发

数字化开发包括建立书目、题录、索引、专题资料、全文数据库，还可以进一步延伸到建立图像、音频、视频多媒体数据库。公共图书馆外文文献资源建设，应立足于公共图书馆的实际情况，在继承传统图书馆整理开发文献特长的基础上，充分利用计算机、高速扫描仪、刻录机等先进的技术与设备，用数字化技术手段，整理开发外文文献。

三、外文文献开发的思路

（一）合理定位文献选题

对于公共图书馆来说，发展外语文学，选题是首要任务。每个单元库都有自己的优势发展的外语文献，结合外国语言文学人才优势开发人员在大学和科研机构，合理定位文学主题选择、建设在公共图书馆外文文献资源不能被忽略。大学和科研文献的选择，使国外文献的选择和工程技术文献的发展。同时，合理定位外国文学的发展，最好是选择社会和人文科学主题集合的特征，实现优势定位，专注于强大的项目，外国文学和形成自己的优势，最好的办法是促进外国文学的深入开发和利用公共图书馆。

（二）招商引资借力而行

外国文学的发展也应该利用这一点。公共图书馆的外交文献资源建设，在投资方面，扮演的角色外国专家、学者的文献资源建设，积极聘请国内外著名的权威专家、学者作为一个外国语言文学发展顾问，为外语文献信息和经营发展的建议，知识资源专家学者为外语文献的发展提供了智力支持。公共图书馆的外交文献资源建设，借助专家、学者的理论提高外国文学资源的利用效率，不仅在咨询方面，也可以进行广泛的宣传，在国内外的影响扩大馆藏外文文献，和资金，广泛吸收各种研究项目从公共图书馆的外国文献资源建设。

· 公共图书馆外文文献资源建设的现状分析

当前，公共图书馆外文文献资源建设的现状不容乐观，还存在着诸多有待解决的问题，这些问题严重影响着公共图书馆外文文献资源的有效利用。

下文将对公共图书馆外文文献资源建设存在的问题和影响公共图书馆外文文献建设的因素进一步分析：

一、公共图书馆外文文献资源建设存在的问题

目前，公共图书馆外文文献资源建设还存在许多问题需要解决，主要表现在资源闲置严重、读者数量少、资源共享不足三个方面。闲置的资源，无论是传统的外国文学资源，如打印类型的外语书刊，报纸，等等，外国语言，或在新形式的电子、网络资源，如外语电子出版物，如外文数据库，相比之下，同样的中国文学资源，利用程度。外国文学资源大多像"奢侈品摆设"一样，闲置着。就读者数量而言，外国文学资源利用率低也体现在读者数量上。由于语言的限制，我们可以很好地利用外语材料，尤其是非英语文学的读者很少。在公共图书馆设立的外语阅览室里，经常可以看到冷清的场景。在资源共享不足方面，公共图书馆之间的外语文献资源共享程度不高，尤其是在外语数据库的利用方面。由于图书馆之间缺乏联系，缺乏统一的组织和规划，外语数据库的重复获取问题更加突出。

二、影响公共图书馆外文文献资源建设的因素

影响外国文献利用率的因素主要来自服务主体和服务对象两个方面。从服务的角度subject-public图书馆，影响因素外国在公共图书馆文献资源的建设主要是由不对称引起的"供给"和"需求"之间，很难把握知识产权保护的强度，滞后的服务模式和员工职业素质偏低。在服务对象-读者方面，主要是由于外语能力有限、文献检索水平不高、信息意识不足等因素造成的。综上所述，不难看出，公共图书馆对外国文献资源的利用率是令人担忧的。因此，加强公共图书馆外国文献资源建设势在必行。

· 公共图书馆外文文献资源建设的有效途径

公共图书馆外文文献资源建设有两种途径：一是内部控制体系层面；二是软件支持。

内控制度是指公共图书馆通过读者决策与采购机制、知识产权适度保护机制、馆员素质培训机制、管理与服务深化机制、专题推广机制、服务与研究机制等一系列系统机制，保障对外文献资源的有效利用。

软件支持水平是指公共图书馆通过建立系统和平台等硬件设施，提高外国文献资源的利用率。在软件支持层面，主要是指外语阅读辅助系统、文献检索指导系统和馆际工作共享平台。

读者决策购买机制将读者的阅读需求转化为指标，成为图书馆文献购买和馆藏建设的决策依据，有利于从根本上改善文献利用率低的现状。这种模式特别适合购买电子文件。合理保护知识产权的机制对于保护著作权人的利益和保护读者不受外国文学资源的合理利用具有双重意义。在建立机制时，要明确保护的上下限，保证保护与利用的和谐平等。深化管理与服务机制，就是通过科学合理的管理与服务机制，提供深入的服务内容，强调公共图书馆对外文献的宣传指导工作，这对对外图书期刊的宣传工作具有重要影响。建立了公共图书馆管理人员素质培养机制。多种形式、丰富内容的培训机制可以帮助图书馆员不断更新知识，优化图书馆员现有的知识水平，对引导读者利用外语资源具有重要意义。此外，专业的推广、服务和研究机制也是公共图书馆外语文献资源建设的关键。

第四节 加强公共图书馆文献资源建设的必要性

1。在网络社会中，信息是巨大而丰富的，人们对信息获取的时效性和科技含量有着越来越高的要求。图书馆不仅拥有丰富的印刷文献资源，而且受到传统管理模式的制约。如果我们不注重新技术的开发和应用在图书馆，和不注意集合的优化建设和开发利用文献资源，其信息服务功能将越来越弱，无法适应社会发展的趋势。

在知识经济时代，信息和知识已经成为人们最大的财富。印刷文献资源仍然是公众获取知识和信息的重要来源。公共图书馆拥有丰富的印刷文献资源，利用现有的管理方法和经验，仍然可以长期为公众提供较为满意的文化服务。

互联网的迅速发展为读者获取信息提供了更多的选择。图书馆不再是读者获取知识和信息的唯一选择。图书馆的存在价值不仅取决于其文献资源的规模，还面临着社会可持续发展的挑战。因此，公共图书馆应积极应对这一变化，努力提高文献资源开发利用率和读者信息需求满意率。

总之，随着社会经济的发展，建立结构合理的文献资源数据库将成为公共图书馆信息服务的核心工作。建设高质量、高效的文献资源，可以促进公共图书馆文化服务优势的充分发挥，促进资源优势的转化，使公共图书馆的优势受益。

今天，随着信息技术的飞速发展，数字资源的生产、传输、获取和存储都发生了根本性的变化，数字资源的建设也得到了丰富。

没有权威的数字资源的定义，一般是指文本以电子数据的形式，表格，图片，音频，视频，有序，可以使用等多种形式的信息存储在光、磁、等载体，并通过网络通信、计算机或终端等，用户可以通过计算机网络，本地或远程访问使用信息资源，包括电子图书、电子期刊，数据库和其他资源。数字资源是多类型、多格式、多媒体、多语言的信息混合体。它们是跨媒体的信息对象，以各种逻辑和物理格式存在，通常需要特殊的软件和硬件来解压、转换、显示或回放。

从广义上讲，数字资源建设就是通过对各种无序媒体信息的选择、收集、组织和开发，形成一个可用的信息资源系统的全过程。

数字资源建设是从公共图书馆的角度简单界定的，是图书馆根据性质、任务和用户需求，系统地规划、选择、收集、组织和管理各种资源，建立具有特定功能的信息资源系统的全过程和全部活动。公共图书馆数字资源建设主要包括馆藏资源数字化、数据库建设和网络信息资源开发组织。

第六章　公共图书馆数字资源建设

第一节　公共图书馆数字资源建设重要性

商业环境在新图书馆，馆藏资源体系不仅包括仿真的文献信息资源的形式，但也越来越多的数字信息资源在数字形式，数字信息资源包括联机检索、网络信息资源、信息资源和图书馆收集的基础上，独立或者与其他单位数字信息资源的开发和建设。数字信息资源数量大，类型多，且具有广泛的共享，用户借助计算机系统、通信网络等可以随时访问。数字信息资源建设无疑是未来图书馆服务体系信息资源建设的核心内容。

·公共图书馆数字资源建设的基本原则

在数字资源保障体系中，数字资源是外部形式，知识服务是内部核心。因此，在数字资源建设中，不仅要考虑资源的收集、储存、释放和利用，更要深入到数字资源的背景下，挖掘其内在价值。在数字资源保障体系建设中，公共图书馆应遵循以下原则：

（1）共建共享原则。通过信息服务保障公民信息获取和使用，以确保每个用户能够开放，公平，合理使用图书馆的资源，图书馆信息服务是图书馆服务的战略目标之一，因此，无论是纸质文献资源和数字资源，注重信息资源的开放和共享。从一方面，数字资源的共建共享的基础上可以整合的资源馆，最大的满足用户的需求的信息资源，一个公共图书馆由于规模的限制，预算，发展战略，不能仅仅依靠一个满足用户信息需求的多样性，联盟共享、馆际互借是图书馆资源建设的必然发展趋势，随着开放存取进程的深入发展，图书馆资源共享将不断突破地域限制、制度约束，达到新的高度；另一方面，数字资源的共建共享可以促进知识的流通，这就需要开放性、关联性等要素。开放性越高，知识的流动性越强。相关性指的是个人数据解放并行连接，打破原来的刚性秩序，建立一个新秩序的过程中，知识相互碰撞，激发新思想和火花，数字资源共建共享最大限度地促进知识流动的元素，比如开放的价值相关性，有效地实现信息流的加速和再生。

（2）以人为本的建设原则。传统图书馆在图书资源建设，忽略了用户对资源的需求，最终导致了低的资源利用率和投资回报率，构建一种新型的数字资源的过程，公共图书馆需要一直本着以人为本的服务原则，用户的信息需求和信息使用模式为出发点和立足点，做建设资源可以在最大程度上满足用户的信息需求，并能跟上用户需求模式的变化；资源的形式可以反映用户的信息使用模式，方便用户快速方便的使用。

（三）原组织的一般原则。这种普遍性体现在两个方面：资源类型同构，即事物之间的结构体系相同或相似。同构或兼容可以促进数字资源的顺利传输，减少通信障碍，提高通信效率。资源交换的普遍性，在人人都是自媒体制造者的时代，人人都可能是资源的创造者。因此，图书馆在资源建设过程中，应开发便于用户编辑和使用的资源，使资源更易于整合和转移。

·公共图书馆数字资源建设策略研究

认识数字资源建设的战略重要性，统一思想，提高认识，把数字资源作为图书馆建设的新领域。传统的图书馆服务模式提出了图书馆员图书导向服务的概念，体现在图书馆员工作流程的访谈、编目和流转都以图书为中心。图书馆的空间设计也体现了面向书籍的服务理念。封闭的阅览室不利于知识的流通和更新。到新的数字时代，图书馆及其馆员必须意识到自己的转换想法，服务转型的必要性，实现数字资源在社会和经济发展，人类进步的战略意义，数字资源建设应该是公共图书馆建设的一个新的领域，新的增长点，必须花大强度设计，建设好。的驱动力是图书馆信息化和全球化的发展，信息技术的发展使图书馆资源的数字化和网络化的信息传播，打破了时间和空间的限制，信息获取和传播的公共图书馆数字资源建设必须充分意识到上述观点的基础上，在信息时代，图书馆员应认识到数字资源建设的战略意义，应始终坚持开放、以人为本的服务理念，做到：

（1）积极与用户沟通，随时掌握用户信息资源的动态需求，了解用户信息资源的使用模式，以此为基础设计相应的信息服务，构建合理的数字资源安全系统。

（2）积极掌握信息时代的技术，深入探索如何利用新技术、新工具拓宽数字资源建设的思路和途径。

（3）以数字资源建设为重点，为用户开辟信息交流、传播、管理、使用新的数字平台，为人类学习空间、科研空间、社会空间提供共享与协作，促进知识流动和新的价值增长点。

统筹规划，加强合作，共同发展。在数字资源建设的道路上，公共图书馆必须坚持加强合作、共建、共享、合作发展的原则。

（1）总体规划、总体规划是指国家、省级图书馆为低和统一的要求和指导基层图书馆数字资源的共建共享是一个系统性的工程，不可能一蹴而就，必须在国家单位的领导下，省、制定统一的规范，努力在省级公共图书馆的数字资源建设，甚至整个国家形成一盘棋，这个总体规划的优势主要体现在两个方面：是一个国家、省级图书馆领域的公共图书馆资源的整合，未来的发展趋势的基础上，从更高的角度信息，制定数字资源保障体系的建设原则、政策、路线，并形成标准化和细则的实施标准，其次，统一的战略指导可以形成区域内图书馆联盟的向心力和凝聚力，促进未来公共图书馆在其他合作领域的创新发展。

（二）加强合作，协调发展。如前所述，信息化的另一个特征是全球化、一体化，公共图书馆作为社会主义文化事业的重要支柱，在未来发展道路必须形成一个统一的整体，加强合作与交流，实现互补资源，优势互补，在一定区域的数字资源保障体系的有机结合，促进社会学习过程。

建立人力、物力、财力社会保障机制。数字资源保障体系不能凭空建立，必须依靠强大的人力、物力和财力。在总部统一规划协调的指导下，各分馆必须加大对数字资源建设的投入，实施数字资源建设，建立健全人力、物力、财力资源投资保障机制。具体地说，

公共图书馆必须建设一支高素质、高素质的图书馆员队伍。高质量包括积极开放的公共服务热情、正确的工作态度、高信息素养和数据素养；高技能包括信息技术技能、创新思维解决问题的能力、与他人合作的能力等。高素质、高素质的图书馆员在数字资源保障体系建设中起着举足轻重的作用，是数字资源保障体系建设工作的智力支撑。

（2）公共图书馆必须加大对数字资源安全系统的资源投入，这不仅包括各种数据库资源的购买和投入，还包括新技术和软件平台的开发和应用。雄厚的物质资源和财力资源是数字资源安全体系建设的物质支撑。只有在强大的物质支持和智力支持的前提下，公共图书馆才能在整合多种资源的基础上，开发出适应新形势变化、满足用户需求的数字资源保障体系。

数字媒体时代，公共图书馆必须能够适应新形势的变化，适应需求，为用户提供内容，不同的数字资源保障体系，在帮助用户收集、存储、分发和使用资源，深入挖掘的基础上，数字资源和内在价值，促进知识流动和激活，促进人类文明的发展和社会的进步。在构建数字资源保障体系的过程中，公共图书馆应遵循，共建共享以人为本，资源组织的一般原则，促进图书馆员理解数字资源建设的战略意义，坚持共建共享，协调发展的道路，并建立人类的机制，金融和社会保障，实现新时期公共图书馆资源建设的新发展。

· 公共图书馆数字资源建设的现状分析

目前，公共图书馆主要从两个方面进行数字资源建设。二是数字图书馆数字资源建设。

各博物馆加大资源建设力度，注重资金投入和人员配置，资源建设进展顺利，资源总量大幅度增加。构建的数字资源类型包括电子图书、电子期刊、电子报纸、数据库、音视频资源、网络资源等，这些资源包括传统文献的数字化、各类原始数字资源以及其他虚拟馆藏。建设模式包括自建、购买、赠品、试用、网络共享。购买的数字资源主要是国内外大型数据库，这些数据库更具有学术性和实用性，占资源总量的比重最大。以广西为例，截至2013年7月，广西自治区、市公共图书馆数字资源总量为

86.54TB，其中自助资源16.1TB，购买资源83.9 tb，占83.9%。自建数字资源是图书馆的特色数据库，是图书馆数字资源建设的重要任务。

自建数字资源的特点：首先，收集文献资源的数字化，主要包括书目数据、文档的全文和二、三级文件的数字化；第二，原始资源的数字化图书馆，主要包括课程视频和电影；第三，收集网络数字资源收集、过程、整理和存储网络信息资源有目的性和选择性。数据库类型由单一的书目、索引和摘要数据库转变为图文全文数据库和图文音频视频为一体的多媒体数据库。

近年来，省级公共图书馆通过文化共享项目的规划建设，构建了一批优秀的数字资源。这些资源大多以地方特色数据库为基础，围绕某一专题进行资源整合，具有地域性和知识数据库的特点，揭示出更全面、更系统、更深层次的内容。广西桂林图书馆地方特色文化建设，如周围的"刘三姐"文化，在陕西省的主题库的建设地方特色玩"盛秦秦Yun"，海南省图书馆，以反映当地民俗的特点"海南李"，湖南在当地图书馆建设的历史人物为主题的"字符"湖南、广西图书馆保护传统文化建设的"非物质文化遗产保护"等。这些特征数据库大多是图文并重的全文数据库或集图文音频视频于一体的多媒体数据库。可见，文化共享项目规划的数据库主要是专题数据库，近两年项目规划的方向仍是建立多媒体数据库或制作故事片。

数字图书馆数字资源建设的方向是依托图书馆馆藏数字资源建设的特点，重点挖掘全文数字资源的实物馆藏建设，包括文本、图像、音视频、网络资源。2013年，在国家图书馆总体规划下，全国省级公共图书馆将按照主题共建资源。按照"共建共享"的原则，联合建设有效地集中和整合了不同地区分散、异质的资源，并最终在数字图书馆推广项目网站上公布。联合建设的目的是收集整理反映中华文明传承、地方文化特色、重大事件、重要人物等内容的各类资源。资源共建遵循统一的标准和规范，对资源进行处理、组织、管理和节约，提高数据质量，避免重复建设，弥补各自收集资源的不足，提高信息安全能力和服务水平。

• 公共图书馆数字资源建设中遇到的问题及对策

一、统筹规划问题

尽管在国家图书馆、全国公共文化发展中心等的统筹规划下，公共图书馆的数字资源建设有了建设方向，但是各图书馆有必要针对自身馆藏资源特点，结合当前发展形势，对本馆的数字资源建设进行统筹规划，制定数字资源发展政策，明确目标，有序进行，多渠道建设馆藏数字资源，比如，对现有数字资源的整合与采购、新建各类数据库、网络信息的采集、加工和保存等，规划的重点应该是如何建设本馆的特色数据库。

二、数字资源建设队伍问题

公共图书馆越来越重视数字资源的建设。大多数图书馆根据工作内容建立了专门的数字资源建设队伍和岗位。但是，从实际工作情况来看，仍然存在人才不足、人才结构知识单一、专业素质不高等普遍问题。从事数字资源建设的人员必须具有深厚的图书馆学基础知识，掌握扫描、摄影、摄影等技术，熟练掌握计算机操作，具有一定的信息组织能力和信息深度挖掘能力。因此，图书馆在引进相关专业人才的同时，重视现有人才的培养，加强人才知识的教育，不断更新专业知识，注重培养精通计算机、图书馆信息、文献数字化管理等能力的复合型人才。同时，采取各种措施加强员工的团队精神，合理分工，形成良好的资源建设格局，促进资源建设的高效有序进行。

三、数据库数据量与数据质量控制问题

数据录入是数据库的基础和核心，数据采集是数据库建设的关键。数据录入时数据库必须完整实用。在数据库建设中，一些数据库的数据项较少，内容单一、不完整、规模小。笔者认为公共图书馆界应该对数据库规模有标准标准才能遵循，应该对数据项目的最小数量有规定才能保证数据库规模。例如，《高校图书馆文献保障体系》（CALIS）为我国高校图书馆特色数字资源数据库的建设确定了基本标准和规范。根据CALIS建立的特征数据库审计标准，每个特征数据库的数据项数必须大于40000项，其中全文数据不少于20%。数据质量主要取决于数据的正确性、一致性、完整性、有效性，独特性，可靠性和相关性，数据质量控制将在每一个链接建设的数据库，基于统一标准工作，在数据源类型和"整体"通知"宽"，在数据收集渠道数据的时间后，"宽"和"准"数据格式。

四、标准规范问题

标准规范是数字资源建设的基础，是数字资源共建共享的根本保障。中国国家图书馆正致力于建设一个完善的数字图书馆扩建标准体系。标准规范体系以资源、服务、技术和管理为基本框架，围绕数字资源的生命周期构建，涵盖数字资源的内容创建、描述和组织、发布和服务、长期存储等环节。目前已基本完成元数据管理、对象数据管理、数字资源独特符号等6个专题和17个标准规范的建设，申请立项成为数字图书馆领域的文化产业标准。已经颁布实施的国家和行业标准包括文本、图像、数据的处理规范，以及网络资源、图像、数字资源长期存储的元数据规范。由于这些标准和规范还没有实现在很长一段时间和不同于数字资源建设的实际情况进行的大多数图书馆之前，有必要培训和学习这些行业标准，这样员工可以完全理解其内容并通过实践不断学习和掌握它们在实际工作。此外，各图书馆还应根据这些标准和规范制定自己的标准和标准操作手册，用于实际工作。

五、经费问题

近几年，政府不断加大了公共图书馆购书经费的投入，然而随着中外文书刊价格

的猛涨、电子出版物的大量发行，公共图书馆仍然普遍存在经费紧张的问题。笔者认为，数字资源建设经费与纸质文献资源建设经费相比，在总体上保持一定合理比例的同时，应该具备一定的优先度。此外，对于建设特色数字资源，人力、物力和财力等方面的投入是持续不断的，不仅初建时需要有较大的投入，后期的维护、利用、完善等方面的经费投入更为关键。因此，图书馆应该保证建库经费投入的持续性。

在数字资源建设中，图书馆既是作品的使用者，又是数字资源库的拥有者。目前，图书馆一般通过合理使用、赠与、合作建设、购买、著作权声明等方式取得作品使用权。然而，大多数员工仍然缺乏知识产权知识。图书馆应加强知识产权相关知识的培训，提高从业人员的知识产权保护意识，重点培养解决知识产权问题的若干专业人才。同时，要加强对读者普及知识产权法教育的培训，使读者了解知识产权法的有关规定，尊重知识产权，依法合理使用电子资源。在使用过程中，可以采用先进的信息技术保护措施进行控制，如加密、访问权限等。数字资源建设是一个庞大而复杂的过程。建设数量与质量并重的数字资源，图书馆界需要不断探索。

第二节　公共图书馆数字信息资源共享体系的建立

数字技术使知识网络化和信息可视化成为可能。网络时代的到来，从资源和技术的角度改变了公共图书馆的建设轨迹和服务模式。全国文化信息资源共享工程充分利用现代网络技术，现有的图书馆、博物馆和其他文化信息资源进行数字化处理机构和集成，建立了互联网信息中心和网络中心的中国文化，形成一个网络的中国文化信息资源优势，通过网络、卫星传输方式为城市和农村公共服务最大化。它开辟了一条不受地域、时空限制的信息传播渠道，促进了信息资源的合理配置，标志着信息资源共建共享网络新时代的到来。及其建设的基础和良好的操作需要在全国各级图书馆共同参与和配合施工，如何巨大，数据类型和复杂的，包括文本、表格、图像、音频、视频和其他媒体的数字表达式和无缝转移，实现网络连接同时，资源的共建共享。

据相关统计，现有的国家、省、县级以上，近2600公共图书馆，展馆有一个计算机自动化管理的一部分，包括地面以上馆相当一部分已基本实现计算机自动化管理，尤其是不同程度的经济快速发展地区成立于局域网（LAN），很多还通过通讯设备进入互联网，拥有一定规模的图书、信息数据库和各具特色的数据库，并培养和造就了一批成熟的运营商和网络管理人才。一些图书馆也开发了适合自己地区和情况的管理系统。可以说，我国公共图书馆网络建设具有一定的基础。然而，由于资金不足、地方政府重视程度不够、观念落后等原因，部分县级图书馆未能实现计算机管理，更谈不上网络建设，使得这部分图书馆的馆藏资源和文献信息相对封闭。

我国公共图书馆网络建设还存在许多问题需要解决，主要体现在以下几个方面：

一方面，一些公共图书馆网络建设人员少，教育水平低，技术力量薄弱，整体水平低。有的人知道计算机网络技术，却不知道图书馆专业知识；有的人知道图书馆专业知识，却不知道计算机网络技术。与此同时，缺乏通才，这两种专业知识。

公共图书馆网络建设，另一方面，缺乏必要的协调和管理机构和法律保护，在很长一段时间里，形成了区域分割、分散，分散的分散管理模式，图书馆封闭单一，基本上不便于信息交互和对接，不利于图书馆集中统一规划和协调管理、资源共享、重复建设等等。此外，不少图书馆，尤其是县级图书馆，在网络建设上投入的资金太少，严重影响了网络建设，严重阻碍了网络建设的步伐。一些图书馆文献资源匮乏，特色数据少，网络信息服务意识淡薄。因此，这一地区的图书馆工作与时代脱节，文化发展滞后。

二、公共图书馆网络化建设的对策

（一）建立地区或市县及图书馆网络化建设协调管理机构

在当地政府的直接领导下，由文化部门负责，公共图书馆，权威网络施工协调管理机构，负责协调规范和网络建设，开发更多馆的整体规划和设计合作，负责硬件的配比方案，网络和实施计划，和图书馆的软件开发，测试，调试和技术支持，负责网络建设过程中各里程碑的监督、检查和考核的实施和验收。这样，与整体规划、长期规划主管部门和强大的技术支持，当地公共图书馆的网络建设的缺点，比如缺乏沟通，矛盾，后门建设和重复建设，将迎刃而解，障碍将被清除了一个通用的网络平台的建设对区域图书馆。

（二）加强文献资源的协调开发、资源共享是图书馆网络化建设的重要特征和功能

所有图书馆都应该从大局出发，结合各个地区的实际情况，合理开发和利用文献信息资源，实现统一规划，联合合作，合理分工，，不要盲目地追求新的、完整和快速发展，只关注数量而忽略质量。建库，避免重复，以免造成浪费，特别是加强馆际之间的联合，承担各自的集合一定范围和一定的学科和开发任务，互相补充，以及交换所需商品，使每个馆图书馆成为真正连接统一完整的文献资源保障体系，为资源共享提供文献保障。要实现公共图书馆网络建设的最终目标，网络环境下的公共图书馆建设应成为内涵丰富、种类齐全、特点多样、方便实用的网络枢纽，成为知识信息高速公路的"转运站"。

（三）坚持数据库和图书馆业务工作建设的标准化和规范化

所有图书馆都应该从大局出发，结合各个地区的实际情况，合理开发和利用文献信息资源，实现统一规划，联合合作，合理分工，，不要盲目地追求新的、完整的快

速发展，只关注数量而忽视质量。建库，避免重复，以免造成浪费，特别是加强馆际之间的联合，承担各自设置某些限制和某些主题和发展任务，相互补充，需要商品的交易，使每个馆图书馆成为真正连接统一完整的文献资源保障体系，为资源共享提供文献保障。要实现公共图书馆网络建设的最终目标，网络环境下的公共图书馆建设应成为内涵丰富、类型齐全、特征多样、便捷实用的网络枢纽，成为知识信息高速公路的"中转站"。

（四）建立公共图书馆系统五级计算机网络架构

主要是建立由国家、省、地、县、镇公共图书馆组成的五级计算机网络系统。在五层网络建设中，要逐步发展，逐步达到指定的位置。可以考虑采取三个步骤。第二，实现基本的网络，即省、市、县，市政厅连接；第三，全国网络的实现，也就是说，省、市、县、镇图书馆和国家图书馆联系，并最终建立一个国家图书馆网络中心，省级图书馆分中心，市图书馆作为一个分支机构，县，镇图书馆作为国家公共图书馆网络系统的基础，和信息高速公路。因此，建立五级计算机网络体系结构，对于促进我国图书馆工作的统一安排、分级分配、科学分配和灵活资源分配具有重要意义。

（五）加强新型图书馆人才的培养

的因素之一的图书馆网络安全的建设是加快培养应用信息技术人才团队，这个团队包括图书馆网络建设的总体设计、功能设计、系统设计、程序设计，如人员、和信息结构和分析，数据定义描述，网络应用程序，和咨询人才，人才应该是公共图书馆网络建设的骨干团队。因此，公共图书馆应尽一切努力创造更好的条件，吸引新的图书馆人才，使他们安心工作，留住人才，建立一支稳定的网络建设队伍。此外，有必要让现有的图书馆管理员不断更新自己的知识，丰富自己的知识结构，培养成新一代的图书馆管理员不仅可以掌握计算机操作在网络环境中，而且还熟悉图书馆资源和网络资源的开发和利用。

总之，公共图书馆网络建设是振兴我国公共图书馆事业的必由之路，也是互联网时代公共图书馆向信息社会发展的方向和目标。当它成功的时候，它将成为中国公共图书馆新时代的开始。

· 公共图书馆高度共享的数字资源体系建设

2002年4月，由文化部和财政部联合实施的国家文化信息资源共享系统，是我国公共数字文化公益项目的早期实施。其主要内容是：利用现代信息技术，对我国优秀的文化信息资源进行数字化处理和整合，通过覆盖全国的网络管理和服务系统，实现其在全国范围内的建设和共享。经过多年的建设，资源共享体系已经初步建立国家、省、市、县，乡、村1社区街道，五个服务网络，包括1国家中心，33个省级分公司，2867所县中心，乡，22963个服务网点，并与全国农村党员干部现代远程教育和农村中小学现代远程教育项目合作597000年基层服务点，数字资源建设总量达108 TB。"十二五"期间，高共享系统的主要任务是建设数字资源，提高数字资源质量，规划资源总量达到530TB。

在高共享体系建设之初，资源建设是其核心内容。随着高共享系统的进一步发展，资源建设成为公共图书馆的重中之重，成为高共享系统的承建商的核心工作之一。

共享系统与数字资源在建设过程中相互反映，共同促进发展。一方面，数字技术、网络技术、通信技术、存储技术、计算机技术等信息技术是数字资源建设的基础，共享系统依靠这些技术，通过创新应用使自身不断健康发展。另一方面，共享系统为数字化的信息资源提供服务，是未来高度共享资源系统的早期实现形式。它是数字资源理论与实践的产物，是通过数字图书馆全新的信息资源组织模式构建的数字信息工程。共享系统的实施，一方面将缩短人与数字资源的距离，让人们亲身体验互联网时代数字资源共享的神奇感受。

一、公共图书馆数字资源共享体系建设现状

数字资源是信息资源的一种形式，是计算机技术、通信技术和多媒体技术相结合，以数字形式分布、获取和利用的信息资源的总和。数字资源作为一种新型的信息资源，具有信息共享强、信息量大、发布更新快、时空不受限制、形式多样、交互性强、检索功能强等特点。联合数字资源的建设与共享库是指各级图书馆的活动和各种类型的，根据用户的要求，社会信息，利用先进的信息技术，如计算机、通信、电子和多媒体综合和合作开发和利用信息资源和网络资源通过网络收集的库。

我国公共图书馆系统数字资源共建共享始于20世纪50年代。此后，随着网络技术的发展，图书馆间合作与数字图书馆建设不断深化，数字资源的共建共享也在快速发展。

1999年初，全国文献信息资源共建、共享与协作大会通过了"资源共享、优势互补、互利共赢、自愿参与"的合作框架模式，为图书馆间合作提供了可操作性指导。2002年4月，在文化部、财政部的支持下，国家文化信息资源共享项目（以下简称共享项目）正式启动建设。经过几年的发展，建成各级自建、共建中心和基层服务中心61.4万多个。共享工程资源建设总量达到69TB。28个省级分中心接入电子政务外部网络，最大日资源传输容量达到100GB。共享项目是我国公共图书馆系统的文献信息资源共享项目。公司成立初期，实现了全国优秀文化信息资源的共建共享。

与此同时，数字图书馆建设和全国数字资源共建共享也在不断发展。1994年，上海市公共、科研、高校、信息系统等19个单位共同启动了上海文献资源共建共享合作网络，合作单位已扩大到80多个。山东、湖北、安徽、四川、广东等省的资源共享也取得积极进展。2004年12月28日，国家图书馆二期和国家数字图书馆项目奠基，被列为"十五"期间重点文化项目。国家数字图书馆本着"服务中建设"的原则，不断增加数字资源的种类和数量，扩大服务范围，扩大网上服务项目。截至2007年底，图书馆数字资源建设已超过200TB，自助数字资源总量达到130TB。图书馆通过国家数字图书馆资源统一门户，为用户提供数字资源一站式服务。目前，在互联网上出版图书

72万余册，在广域网上出版电子书100多万册。从2008年起，博物馆每年将在广域网上购买和出版1万多本电子图书，并提供100多个数据库供广域网使用。同时，通过国家数字图书馆平台和国家文化信息资源共享平台，将数字资源转移到各级基层国家图书馆，为公众提供服务。

二、公共图书馆数字资源共享体系建设存在的主要问题

（一）共享数字资源的总量不足

各地公共图书馆只有加强地方特色资源及自身馆藏资源的建设，才能更好地为当地读者服务。由于资金、资源、人力的限制，它们对数字资源共享体系的建设显得心有余而力不足，这就导致共享数字资源在已建数字资源中所古比例偏小。

（二）共享数字资源的标准不统一

由于计算机技术及网络技术的不断发展以及读者需求的不断变化，不同时期建设的数字资源库应用环境、使用标准都发生了改变，即使同一时期建设的数字资源库由于采用标准不同，硬件平台、操作系统平台、网络服务器管理平台、数据库平台不同，也难以通用，这就使得读者查询不同数字资源库时必须采取不同方式，需要多次检索多个数字资源库才能找到自己需要的信息。共享数字资源的标准不统一，既浪费了读者的检索时间，也影响了资源库的利用率。

（三）共享数字资源的推广力度不够

公共图书馆的服务对象广泛，读者需求多样化。只有加大共享数字资源的推广力度，通过多种方式宣传、推广数字资源，才能让读者知道图书馆有哪些共享资源，才能让读者知道如何利用共享数字资源。目前，尽管公共文化共享网络体系初步建立，共享工程各级分中心和基层服务点已全面铺开，但是，共建共享资源推广力度依然有待加强。

（四）高素质人才缺乏

数字资源共建共享是一项庞大的工程，需要大量的专业人才，不仅要具备图书馆学专业知识和外语知识，还要掌握计算机网络知识和检索技能。部分图书馆员的专业技术水平较低，特别是经济欠发达地区图书馆员专业知识结构的老化，严重阻碍了数字资源共享系统的发展。公共图书馆高素质人才的缺乏是制约数字资源共享的最大"瓶颈"。

此外，还有一些数字资源共享中存在的问题，如缺乏有效的协调和指导实现协作，缺乏必要的知识产权保护在数字资源的收集和处理，和资金的缺乏有效的担保资源共享。

（一）建立健全数字资源共享管理体系

数字资源共享体系建设是一个多方合作的工程，需要成员馆共同协作才能发挥其作用。但是，各图书馆办馆规模大小不一，资金投入不均衡，对共享系统的贡献及需

求有着较大差异，难免会产生一些分歧。同时，共享体系资源建设的过程中也会碰到一些具体的困难，单纯依靠各成员馆各自解决肯定是不可能的。

这就需要建立一个统一的管理协调机构，负责处理信息资源共建共享工作的筹备策划、资源资金的配置、工程的分工协同、义务的承担、权利的分配等问题。

（二）加强数字资源标准化与规范化

标准化建设和标准化是资源网络化和共享的前提。没有资源的标准化和标准化，就不能实现资源的共享。数字资源的标准化和标准化建设是一个庞大的系统，需要通过统一的标准化和标准化措施来解决。

目前，提出了共享系统资源建设推荐使用资源处理组，一个独特的标识符，基本元数据组、构建开放组织，10个标准的总体框架目录，包括资源共享方法的格式、数据库建设、资源共享、资源共享等施工过程的基本基本规范和标准，另一个还在研究开发标准化和规范化目录。

数字资源建设数字资源共享系统，制定和实施规则的标准化和规范化，实现数字资源共享的必要条件，在各地区公共图书馆应该严格按照规范化和标准化的目录为了发展国家图书馆资源共享系统，为确保数字资源与应用平台能够相互兼容、识别、传递，使读者更容易使用、会员资源共享和推广。

（三）加大数据库建设力度，夯实资源共享基础

数据库建设是公共图书馆资源共享体系建设的基础。公共图书馆应进一步加强特色数据库建设，大力开发馆藏地方文献信息资源，建设多形式、多类型的地方特色数据库，以丰富共享数字资源，最大限度地满足读者的需求。如四川省乐山市图书馆重点建设了乐山文化人物数据库、乐山书画艺术数据库、郭沫若研究数据库、"三苏"（苏洵、苏轼、苏辙）研究数据库、乐山大佛—峨眉山世界双遗产资源数据库，通过共享系统实现了数字资源的共享。

（四）加强区域性数字资源共建共享网络建设

目前，我国公共图书馆资源共享网络基本上是国家主导的数字资源共享网络，而区域资源共享网络作为对主网的有效补充还不成熟，区域文化资源共建共享的范围还不广。在作者看来，省级图书馆可以作为领导，可以结合县、市图书馆图书馆发展和形成一个网络系统资源共建共享的省、市、县，这不仅可以促进当地的特色文化资源的建设，同时也促进资源共建共享的工作。在此基础上，横向整合其他省级区域网络或纵向整合其他省级区域网络的图书馆系统，将形成更广泛的数字资源共享网络，实现更大范围的数字资源共享，为社会提供更好的服务。

（五）加强馆员培训提高馆员技能

公共图书馆数字资源共享是一项艰巨而长期的工作，需要掌握图书馆业务知识、计算机使用、网络维护、数据库设计等知识的人才。在资源共享体系建设中加强员工培训是推进数字资源共享工作不可或缺的手段之一。

　　公共图书馆应持有各种技能培训课程有针对性地培养图书馆员的开发、设计和生产的系统软件，利用网络，视频和其他远程教学手段，有效提高业务人员的技能水平，促进共同的发展建设和数字资源的共享。例如，依照国家管理中心的要求，分享项目的江西分公司中心组织技术人员从11个区、市分行中心，65个县级分公司中心和一些乡镇服务分省多次设备进行远程技术培训，提高他们的服务技能。

（六）建立图书馆资源共建共享法律保障体系

　　图书馆资源共建共享的发展需要各图书馆的合作与合作，同时也对各图书馆的利益产生一定的影响。为了协调各图书馆的利益，明确各图书馆的责任，保证数字资源共享建设的顺利开展，需要制定相应的政策法规，规范各方面的义务和权利。

　　只有通过建立一个完善的法律保障体系联合建设和图书馆资源的共享，可以资源共享系统的建设所需的资金保证，实现成员库被澄清的权利和义务，和良好的资源共享运行机制建立，可以共享工作相关法律问题，如知识产权、得到解决。

　　公共图书馆资源共享体系的构建是社会发展的必然要求，是公共图书馆自身存在和发展的需要，是满足读者信息需求的需要。公共图书馆为公众提供文献信息，其主要功能是促进教育、传播文化和提供信息。公共图书馆数字资源共享是新形势下构建公共文化服务体系、惠及千家万户的重要文化基础工程。公共图书馆的同事应统一思想，建立文献资源共享的大局意识，明确的目标数字资源共享，充分利用系统的技术实力，网络环境，人力资源优势，积极到图书馆的文献信息资源，共享系统，促进繁荣社会主义文化的大发展，提高人们的科学文化素质作出应有的贡献。

第七章 图书馆信息化的应用与建设

第一节 图书馆信息化的应用

图书馆所涉及的信息范围越来越广，所收集的内容也越来越多。图书馆文献信息中心，图书馆的作用不再仅仅是为读者提供信息，但更添加知识管理，为读者提供信息服务和导航服务，帮助读者迅速找到他们需要的信息，主动推动所需文献的读者。这种需求的变化需要更多的信息技术支持，信息图书馆是近年来新兴的信息技术，是潜在有用的信息处理手段。它在商业、金融、保险、科研等领域有着重要的用途。

数字图书馆是一门新兴的科学技术，也是一项新的社会事业。总之，数字图书馆是一种具有多种媒体内容的数字信息资源，可以为用户提供方便、快捷、高层次的信息服务机制。

数字图书馆不是图书馆的实体：它对应着现实中各种公共信息管理和传播的社会活动，表现为各种新型信息资源的组织和信息传播服务。它借鉴图书馆的资源组织模型，借助计算机网络通信和其他高新技术的数字图书馆架构图，针对人类知识普及，创造性地利用知识的分类和准确的检索方法，整个序列的有效信息，使人们获取信息消费没有空间的限制，在很大程度上不受时间限制。

"数字图书馆"可以从概念上理解为两大类：数字图书馆和数字图书馆系统，涉及到两个工作内容：一是将纸质图书转化为电子数字图书；许多国际组织为此作出了贡献，许多国内单位积极参与了数字图书馆的建设。数字图书馆虽然是一个非常方便的系统结构，但也存在许多问题和争议。让我们看看如何识别和解决问题。

随着时代的进步，数字图书馆也在逐步完善。就像一个小雪球从山顶滚下来，由原来的小碎片，随着时间的进步，时代的进步。再强一点，再强一点。发展阶段有起有落，有起有落。但是它克服了各种各样的困难，而且非常困难。终于达到了现在的辉煌成就。所以让我们回顾一下它背后的故事，体验一下它现在的成就，展望一下它的未来。它的故事分为三个阶段：

（一）数字图书馆产生的历史背景

随着信息技术的发展，需要存储和传输的信息越来越多，信息的类型和形式也越来越丰富。显然，传统的图书馆机制无法满足这些需求。因此，人们提出了数字图书馆的概念。有效的字符库是一种电子信息存储，可以存储大量各种形式的信息，用户可以方便地通过网络访问它，以获取这些信息，其信息存储和用户访问不受地域限制。

数字图书馆的发展大致经历了以下几个阶段：数字技术和概念的早期探索数字图书馆的概念最早可以追溯到1945年，其中早期科技管理和影响最大的是著名的美国布什（什么逼），布什在1945年1月在《大西洋月刊》上发表了一篇论文"正如我们想象。首次在这篇文章中，他提出了结合传统图书馆收藏文件的存储和搜索机制的新发布的计算机，和构思，描述了麦克斯存储器配备机械化个人文档和库，也就是桌面个人文档工作的系统，它可以存储所有他的书，记录和通讯设备。Memex设备采用计算和显微镜技术实现文件的相关连接。事实上，它是一种个人信息检索系统，被公认为计算机辅助检索的先驱。这一思想的提出被认为是图书馆信息学理论和实践的起源，包括今天的初级图书馆。Memex被认为是智能系统超文本技术的前身。布什的观点中重要的不是他所说的"机器和设备"，而是他的两个观点：第一，你必须拥有及时获取所需信息的设备；第二，读者可以自己检索信息。Memex是个人用户访问信息的理想模型。文本存储和检索技术是数字图书馆可以实现的两大技术，而具有现代意义的存储和检索系统是在计算机技术不断进步的前提下实现的。从1965年到1973年，麻省理工学院（MIT）进行了计算机辅助索引实验，并建立了Intrex数据库，利用联机存储目录和索引存储微缩胶卷上的文章以供检索。1969年，桑迪亚国家实验室开发了科学技术文献的全文存储和检索系统。电子图文存储技术引起了图书馆界等方面的关注，标志着一种新的信息存储方式的到来。1969年，美国国会图书馆正式推出机器可读目录，这是图书馆自动化的标志。20世纪70年代中期，美国图书馆中出现了许多楼梯存储、索引和检索软件，尤其是IBM的楼梯存储和检索系统。1978年，美国著名的图书馆科学家f.w. lancster出版了《通向无纸化社会的信息系统》和《电子时代的图书馆与图书馆员》两本书，探讨了电子图书馆的前景。1982年，美国国会图书馆（library of congress）开始研究如何使用光盘存储馆藏，作为文件数字化的前奏。电子图书馆的概念最早是由k.e.dowlin明确定义的。在1984年出版的《电子图书馆：展望与进步》一书中，他写道："所谓的电子图书馆，是提供获取信息最大可能性、利用电子技术增加和管理信息资源的机构。"数字图书馆的概念是由国家科学基金会的w. Wolfe在1988年的国际合作白皮书中提出的。1989年，米。kibby和n.h. Evans在《互联网是一个图书馆》中指出，"理想的电子图书馆不是存储所有信息的单一实体"。它通过Internet提供一系列集合和服务。1992年，a.j.哈利是图书馆借阅部计算机和数据通信工作组的负责人，他将虚拟图书馆定义为"通过电子网络远程访问信息和知识的一种手段"。因此，在80年代末和90年代初，计算机和通信技术的发展更大的信息系统的发展提供了广阔的空间，许多研究人员研究从多维的角度，更具体的数字图书馆的概念，"数字图书馆"、"虚拟图书馆"、"图书馆没有墙"的概念提出。电子图书馆是数字图书馆的一个早期概念，它反映了应用技术的特点。虚拟图书馆强调网络数字资源，但不强调图书馆的数字特征；无墙图书馆强调使用范围和效果。数字图书馆准确反映了问题的本质，揭示了信息获取形式的基本特征和相关内涵：数字图书馆的主要特征是信息资源数字化、信息传输网络化、信息资源分布管理和信息资源共享。

数字图书馆是信息时代传统图书馆的发展。它不仅包含了传统图书馆的功能，为公众提供了相应的服务，还整合了其他信息资源（如博物馆、档案馆等）的一些功能，提供全面的公共信息获取服务。可以说，数字图书馆将成为未来社会的公共信息中心和枢纽。信息化、网络化、数字化是这一系列名词符号的基本点。同样，电子图书馆、虚拟图书馆和数字图书馆的发展方向都是数字化，无论使用什么术语。图书馆的发展和演变离不开内部环境和社会环境的推动。内部环境主要是指社会对图书馆的需求所产生的改变传统图书馆服务环境、实现图书馆数字化和自动化的驱动力。社会环境的变化主要包括社会经济结构、信息技术结构和文化结构的变化，进而推动图书馆的发展和演变。数字图书馆的出现和发展主要受到两种力量的驱动：一是现代技术条件下图书馆自身资源共享的内在要求；二是计算机网络发展对数字信息进行有序、结构化组织的要求。

（二）数字化图书馆现状分析

与传统图书馆相比，数字图书馆具有与传统图书馆不同的功能和特点，在馆藏建设和读者服务方面有了新的发展。由于数字图书馆以网络和高性能计算机为环境，为读者和用户提供了比传统图书馆更广泛、更先进、更方便的服务，从根本上改变了人们获取和使用信息的方式，与传统图书馆相比具有很大的优势。

从文档存储，传统图书馆的载体主要是纸质文档，与数字馆藏建设相比，第一个显示的影响在图书馆"集合"的意义已经扩大，不仅包括不同的信息格式（如磁盘、光盘、磁带等），包括不同类型的信息（例如，书目信息全文、图片、音频、视频、等等），使数字图书馆不再受物理空间的限制，他们可以收集的书刊资料的数量也不会受到空间的限制。数字图书馆是以数字存储的形式存储信息的，一般存储在计算机的cd-rom或硬盘上，与过去的纸质资料相比占用的面积较小。更重要的是，在过去图书馆管理的一个主要问题是，材料会在多次访问后被磨损。一些原创和珍贵的材料是普通读者很难看到的。数字图书馆避免了这个问题。

从检索方法来看，传统的检索方法往往需要读者花费大量的时间在大量的卡片前，这使得借阅者感到不便，难以提高召回率和准确率。数字图书馆配有计算机访问系统，通过搜索一些关键词，读者可以得到很多相关信息。而在查找图书资料之前，需要经过查找、查找图书馆、按查找编号查找图书等许多程序，繁琐而不方便。

在信息传递速度方面，传统的图书馆有固定的位置，读者经常在去图书馆的路上花费大量的时间。数字图书馆可以利用互联网快速传递信息。只要读者登录网站，点击鼠标，他们就可以在几秒钟内看到他们想要查找的信息，即使他们离图书馆有几千英里远。这种便利是以前的库所无法比拟的。

从资源共享的角度来看，众所周知，一本书一次只能借给一个人。在数字图书馆中，这种限制是可以突破的。一个"书"可以通过服务器借给多人参考，大大提高了信息使用的效率。

（三）主要问题

1. 资源浪费问题

从数字图书馆的概念到现在许多大学图书馆从事数字图书馆的建设，只有几年时间，由于缺乏统一的规划和协调，有不同的标准，数字图书馆立法尚未制定和实施，和每个单元的利益很难找到彼此都同意的平衡，同时，一些单位持有"快速致富"的思想和片面的追求数量的数字资源，一些单位的特点，忽略自己的收集和学校教学的实际情况，这可能使中国很多高校数字图书馆建设，blindlyCooperation建设各自为政现象屡见不鲜，数字图书馆用户检索界面、检索语言，而在管理系统上存在显著差异，不同展馆的数据库各不兼容，各系统之间难以互联互通，应用上存在大量资金、人力、物力资源浪费，资源重复建设水平低。

2. 信息版权问题

计算机技术、自动化技术和网络技术的高速发展，使文献资源的格式转换、数字化作品的复制、下载、盗版等变得更加容易，数字化作品的知识产权保护问题比传统纸质文献也更为复杂和突出。根据著作权法，上载作品必须取得作品权利人同意，但是资源库容量庞大的数字图书馆要取得每一位作品权利人的投权在现实中非常困难，在数字图书馆的有关立法中再不能套用那些陈旧的、与自身建设和发展特点不符的法规。

3. 建设资金问题

数字图书馆建设是一个庞大的系统，长期的项目，软硬件资源的采购，网络布线工程，人才培训更新，数字资源的收集，数字转换等，都需要大量的资金支持，但资金的缺乏和高校图书馆发展的问题。重点大学，进入"211工程"大学数字图书馆建设和发展的专项拨款，和普通高校图书馆单一资金来源，主要依靠学校的资助，书籍，杂志近年来价格飙升，所以，即使许多馆每年购买纸文档，业务培训、科学研究、奖励，和其他基本基金难以维持，更难开展数字图书馆的建设。

4. 图书馆员素质问题

目前，我国高校图书馆员的总体情况是，专业知识和技能普遍不能适应数字图书馆发展的要求。随着数字图书馆的兴起，专业技术人才的缺乏、工作热情的缺乏、年龄的增长等现实问题变得更加突出。作为图书馆的地位没有得到足够的重视，普通高校图书馆员和老师是两个不同水平和接受不同的治疗，图书情报专业自动化、计算机专业，专业人才择业时很少把图书馆在优先级的范围，也有一个高质量的人才是很难引入高校图书馆，另一方面，博物馆的人才是找到更好的工作的重要原因。缺乏系统性和计划现有员工的在职学习和培训的图书馆员，，很难提高图书馆员的质量和他们的专业水平，过时的知识结构和概念，并不能适应提供数学信息资源服务的要求，它不应该被忽视。

这些都是数字图书馆的现状和存在的问题。

（四）发展前景

1998年美国《避风港条约》出台后，数字图书馆的发展逐渐走上正轨，前景光明。在从2000年到2008年的8年里，中国的模糊数据：在线用户增长达到200%，行业利润增长一倍，利润增长更多，前景看好，所以希望获得市场份额当然有很多人，中国在线，创始人Apabi，谷歌的数字图书项目…这一领域的竞争正日益吸引外来者。

目前，数字图书馆的一般业务来源主要是数字图书馆所有者业务、移动电话业务和SP合作服务业务（腾讯网等）。手机业务和SP业务似乎都是核心业务资源的延伸。那么，在未来的发展中，什么是竞争优势，什么是发展目标？

专业的数字图书公司，或其他IT公司推出的数字图书项目，都有自己独特的特点。例如a：早期的公司可能拥有更多的知识产权资源，一些公司或项目已经分化为农业数字图书馆、教育数字图书馆和医疗数字图书馆，包括高校（公益）网络项目等。还有一些是在范围和技术上的创新，比如谷歌项目的语言和在线查询优势。虽然在开发过程中出现了产权纠纷，但也标志着这一领域的逐步成熟。

那么，是水平发展、垂直发展，还是未来的其他发展？这家公司的资源与它的发展战略有很大关系。如：

1. 专业数字图书馆可以与专业门户网站合作，利用信息和知识资源，开发新的盈利或战略宣传板块（项目）。如：与专业心理培训中心合作，开发案例支持资源，可选阶段开发书目计划，有效信息包等。教育、经济、旅游、医疗等行业的专业门户合作空间非常大，因为这样的网站发展得越好，就越需要知识的数量和及时性，而网络世界也越来越合法，这样的合作无疑是双赢的。

2. 综合资源数字图书馆与大型B2B或B2C网站的合作，虽然这种模式已经存在，但通过新的合作方式完全可以突破目前数字图书馆的销售业务。例如：消费者购买图书通常是选择的组合，所以支持优惠销售的组合。它不仅可以促销新书，还可以通过对某些种类的图书打折来增加销量。通过知识、信息、书籍等B2B销售。

3. 网络服务新技术的应用：多语言支持系统、在线文字查询系统等。

4所示。从发展的角度看，综合性数字图书馆可以开发新的知识租赁服务项目、免费信息资源数据收集项目等。这是对大量综合资源利用的整合和深化利用。如：

答：人们通常支付新闻和信息产业，为成千上万的不感兴趣，但提取的知识资源整合（特别是知识的提取后的有效性和配合的情况下理解知识）支付感兴趣，这个项目可以通过专家团队退出热门专业，行业组织，或新兴书籍的内容，论文，整合和支持销售的新闻；配合线上截止日期的售后服务等。这可以与专业培训机构和专业门户网站合作，或与专业数据库合作。

　　b．通过分类书籍和其他许多市场所需的信息资源和信息分类的根据市场调查的结果，我们可以免费提供一些信息数据在不同时间的不同行业的资源分类，这样更多的人可以查看和理解，形成一个在线数据采集平台。这些数据可以为支持企业的网站业务、培训机构业务、工业书店分销业务、出版社业务等企业业务提供帮助，从而构建现代社会。

　　·数字图书馆的建设分析和版权分析

　　每个组织和机构都有自己的规章制度，图书馆是这样，数字化图书馆也是这样。无规矩不成方圆，所以在建设数字图书馆的时候我们要对它的各个方面都要考虑。做好建设数字化图书馆的充分准备避免出现漏洞，越了法律准绳。版权是近年来大家争相讨论的问题，版权侵犯这个问题也是经常出现在我们身边，这个广告侵犯了那个广告的版权，这本图书侵犯了那本图书的版权。所以我们数字化图书馆的建设必须要更深一步考虑和避免这些问题的出现。

（一）数字化图书馆的建设分析

　　信息是人类社会存在和发展的基础，是科学技术发展的必要条件。当今社会，由于科学技术水平的提高和社会经济的快速发展，人类信息交流与合作已被推进到一个新的阶段。随着信息技术、计算机网络技术和通信技术的飞速发展，以图像、声音和视频为主的多媒体信息已经成为通信和服务的主流，这给图书馆行业的发展带来了前所未有的挑战和机遇。在信息时代网络环境下，如何扩大图书馆的生存和发展空间，是图书馆面临的主要问题和信息资源由于其独特的社会价值和经济价值，成为渴望的目标，信息资源共享的手段和方法也在不断地发展和完善，并开发利用数字图书馆已成为图书馆的重要研究课题之一。

（二）数字图书馆的内涵与特点

　　所谓数字图书馆，是指图书馆利用现代高新技术支持的数字信息系统，对各种图书馆资源的存储和传输进行数字化。也就是说，数字图书馆使用计算机系统来管理各种载体文献的处理和服务，并组织用户访问图书馆外的数字化文献信息通过现代的网络技术，如电子期刊、音频和视频材料，多媒体材料，方向的同时，数字图书馆也将与办公室、宿舍和家庭通过广域网和局域网，这样人们可以非常方便和快速地共享文献和信息资源。数字图书馆具有以下特点：

　　1．馆藏数字化：即图书馆利用信息存储技术，将各类媒体信息加工成计算机可识别的数字化信息资源，形成电子文档，实现知识信息载体的革命性变革。

　　2．传输网络：也就是说，数字图书馆可以利用网络技术和通信技术环境，为用户提供高速跨图书馆连接的信息访问服务，从而实现更广泛的知识和信息交换与获取。

　　3．资源共享：信息技术与网络技术突破地域界限，实现图书馆在互联网上的结合，实现信息服务系统的相互集成。用户可以随时随地与任何系统进行交互，促进信息资源的合理流动，实现广泛的信息交流和资源共享。

4所示。操作电脑化：图书馆各项业务流程均采用计算机技术管理，提高了图书馆工作的效率和质量。

5。服务社会化：数字图书馆是一个开放的系统，它适应了日益社会化的用户需求的发展趋势，突破了传统图书馆对读者身份、年龄、职业等的限制，从多角度满足用户的需求。

6。馆藏专用性：图书馆信息服务在网络环境中是一个连接紧密的大型系统。每个库只是一个节点。

数字图书馆的核心功能是提供有利于知识创新的信息资源、手段和环境。

高校数字图书馆的建设直接关系到国家素质的提高和全面建设小康社会目标的实现。在分析我国高校数字图书馆建设基本情况的基础上，提出了加强高校数字图书馆建设的对策建议。

图书馆建设水平作为高校办学的重要指标，直接影响着高校的办学水平。数字图书馆是新一代网络资源组织模式，应适应知识经济的社会发展，特别是适应超高速信息公路建设的需要而发展。

高校数字图书馆在当前形势下的发展数字图书馆是所谓的，包括历史文献，高价值的文本，图像，音频和视频，软件，和科学数据等信息收集、处理、保存、研究和利用现代电子技术在wan跨数据库连接为读者提供现代信息服务的图书馆。这是一个社会信息基础设施资源管理在信息存储和传输的基本组织形式各种各样的媒体有很多超级数字信息资源的能力，依靠互联网或其他网络的存在，并提供高效、快速的信息需求者通过网络数字信息服务，实现真正意义上的信息资源共享。数字图书馆除了收集纸质图书和期刊外，还包括所有其他数字化信息，以满足读者的需求。数字图书馆用户可以直接与不同图书馆的工作人员见面，只能通过网络与图书馆联系，扩大了读者的范围，消除了地理位置的限制，允许人们以任何身份、任何地点自由进入图书馆。自20世纪80年代末至90年代初，在图书馆自动化和网络化基本实现后，以美国为首的西方国家开展了一系列数字图书馆项目，促进其历史文化文献的收集和利用。

自1996年国家图书馆提出"数字图书馆实验项目"并成为国家重点科技项目以来，2001年至2005年，"数字图书馆项目"被列为国家经济社会发展"十五"规划重点建设项目。在这种情况下，高校图书馆作为我国图书馆的重要组成部分，也开始了数字化发展的序幕。北京清华大学图书馆与IBM合作，正在打造"中国职业技术学院学术论文在线服务系统"，用户可以在国内15所网络院校和海外互联网上搜索、查询透明、无国界的信息。上海交通大学是创建一个实际的数字图书馆模型包括300 cb数字图书馆的在线目录的电子图书等指数和抽象，字典，百科全书，电子全文杂志和会议记录多媒体音频书籍、卡通电视，电影和电脑软件等约占2530年实际使用的图书馆网络服务甚至可以提供在交通大学校园网视频点播服务。中国科学院文献信息中心将与国内多家著名高校图书馆共同建立数字图书馆示范系统。我国高校图书馆数字化建设起步较晚，但发展较快，总体水平较高。许多图书馆基本实现了业务管理功能由传统的手工操作向计算机管理的转变，开始步入校园网建设时期，为图书馆自动化系统向数字化发展奠定了基础。

现阶段我国高校数字图书馆建设中遇到的问题，虽然我国高校在数字图书馆的研究和建设方面已经起步并取得了一定的进展，但与发达国家仍有一定的差距。在数字图书馆建设过程中，仍有许多问题需要克服和解决。首先是基础理论的建构。数字图书馆的概念是西方发达国家提出的图书馆数字化的基本理论研究。在理论准备不十分完善的情况下，图书馆数字化建设直接导致高校图书馆在建设之初就存在先天缺陷。在高校图书馆数字化建设过程中，各种理论和模式并存，学生群体明显制约着我国图书馆特别是高校图书馆数字化发展的发展。第二，信息资源的数字化。资源数字化手段包括传统的手工操作、键盘输入、数字成像技术、图像扫描、数字存储等形式。光盘数据库由国内普通高校图书馆购买，便于教学和科研。然而，高校图书馆资源的开发利用和文献资源的数字化进程缓慢，不能满足广大读者的需求。

信息资源统一标准。目前，由于缺乏统一的标准，在中国高校的网络信息资源、网络信息资源由高等院校不仅是不兼容的数据库结构，但也有很大的差异的用户界面检索语言和其他方面。因此，有必要建立一批高质量的大规模和易于使用的中文数字资源数据库，积极开发和引进外国标准和规范对网络信息资源的建设，把中国高校的网络信息资源标准化的轨道。

信息资源的重复建设。目前，我国高校网络信息资源建设中，由于缺乏国家宏观规划，重复建设问题十分严重。这不仅浪费了存储空间，也浪费了信息资源建设者的时间，并没有给网络用户带来越来越多的有用信息。

知识产权。建设的核心是信息资源。在信息资源建设中，主要问题是信息资源的知识产权，如馆藏数字化所带来的复制权、数据库开发所涉及的著作权等。

（三）加强高校数字化图书馆建设的路径选择

1. 加强高校数字化图书馆理论研究

全面评价现有的图书馆数字化理论框架，尽快建立一套适合高校图书馆数字化发展的权威理论体系是十分必要的。在这个过程中，除了一些研究机构，政府也应该广泛吸收一些代表，有丰富的经验在数字发展，有一定的高校图书馆数字化发展的讨论和建立数字发展和充分考虑现阶段实情，中国国情的独特的特点，高校数字图书馆的发展积极思考未来图书馆的建设与发展，使所建立的理论体系能够对数字图书馆的发展起到理论指导和规范发展的作用。

2. 加强高校数据库建设

数据库建设是数字图书馆建设过程中不可忽视的一项基础性工作。高校图书馆联网后，数据库将成为读者查询文献的重要数据库。但是如果你上网，打开一个图书馆的数据库，它只是一个文献记录，这显然是不够的。在未来，读者永远不会满足于所需要的文献在哪里的信息，而是想直接获取所需要的文献的内容。这就要求图书馆一方面做好工作的回顾图书馆建筑集合的类别实现数字化书目另一方面建立各种专题数据库根据生产多种类型的专题全文数据库，信息资源可以尽快转化为生产力，服务于实际的工作。

3.加强协调合作以实现资源共享

数字图书馆与传统的图书馆不同传统的图书馆主要目的是收藏并为一定范围内的读者服务而数字图书馆必须实现资源共享这是由它的特点所决定的。高校数字图书馆必须在与其他图书馆联网的基础上继续加强高校图书馆的馆际交流与协作在全国范围内形成几个由核心高校牵头的、覆盖全国的有专业特色的核心数字平台并形成资源库的跨库无缝链接而不是全国高校图书馆群雄割据。

4.加强人才培养以适应数字图书馆要求

传统图书馆工作的基本形式是图书馆员与图书的结合。这是传统图书馆工作的两种基本形式。因此，图书馆员被视为图书收集、加工、整理、流通、阅读的馆员。在数字图书馆中，信息高速公路和互联网的发展使其工作模式成为图书馆员与计算机的结合，通过计算机和网络实现图书馆的目标，完成图书馆的任务。"人与计算机"相结合，将产生数字图书馆员、应答网络技术人员，要求所有图书馆员成为"信息向导"，要求图书馆员成为复合型人才。

围绕图书馆建设数字图书馆网络系统。数字图书馆建设是一个漫长的过程，技术更新非常快，图书馆不可能发展数字图书馆的前沿技术，也没有必要争夺新技术实验领域的第一名。数字图书馆的范围是非常广阔的，图书馆应该把重点放在自己的目标定位上，根据自己的优势，选择和引进必要的软件和技术，逐步向数字图书馆过渡。

（四）数字图书馆需要建立的读者服务体系

应以发展读者服务体系为数字图书馆建设的中心任务。读者服务是数字图书馆存在和发展的根基。建立和发展以读者为中心的服务体系是图书馆置身于数字图书馆时代最为显著的特征和义不容辞的责任。

1.集成的检索体系

指向图书馆各种媒体资源的统一检索系统。它包括各种检索系统的集成和不同检索接口的集成。

文档目录、索引、机读数据库、互联网搜索引擎等信息资源检索工具，根据揭示不同信息资源对象和层次的需要，针对不同的检索需求，构成了一个形式多样的完整系统。

所谓检索系统，是指图书馆员、档案工作者等学者以某种方式建立的供读者查阅图书馆、信息、档案等信息的分级系统。它们是客观存在的设施和设备，它们又具有以下两个层次。

在文献信息产业方面，目前我国主要有三种文献信息系统，即图书馆系统、信息办公系统和档案系统，可以看作是一个宏观的检索系统。

（1）图书馆系统，纵横交错，形成国家图书馆网络。读者寻找图书和信息资料，不仅要使用自己单位的图书馆，而且要通过互联网检索每一个互联网图书馆的信息。

（2）信息系统是以中国科学院文献信息中心和中国科学技术研究院为核心的国家信息研究所网络，也是中国社会科学院的信息系统。

（3）档案系统是由中央到地方各级各类档案构成的网络系统。

2.集成的服务体系

是指图书馆借书、还书、参考咨询等传统服务与网上服务、电子服务、语言服务相结合，形成统一的服务体系。

所谓SI系统集成是指集成的功能和信息分离的设备（如个人电脑）到相互关联的、统一和协调的系统通过结构化的综合布线系统和计算机网络技术，以充分共享资源，实现集中、高效、便利的管理。系统集成应采用功能集成、网络集成、软件接口集成等多种集成技术。系统集成的关键是解决系统之间的互联互通问题。它是一个多供应商、多协议和面向应用程序的体系结构。解决与子系统建设环境、建设协调、组织管理、人员配置等有关的各种集成问题，如各设备与子系统之间的接口、协议系统平台、应用软件等。

3.馆际协作的体系

在数字图书馆时代，"图书馆"已经突破了单一图书馆的概念，必须开展广泛的合作，这样的文献不仅局限于一般文献，还应该延伸到电子资源服务和知识服务。

改革开放以来，高校图书馆在馆藏建设和文献信息服务方面取得了长足的进步。尤其重要的是图书馆馆藏建设，正朝着资源共建共享的方向发展：许多高校与图书馆联合办学，并制定了图书馆间开放、相互直接借阅、网上借阅等相关措施。这些都极大地提高了高校图书馆文献资源建设和读者服务质量。

同时，指出了高职院校图书馆（以下简称高职院校图书馆）未来发展的光明前景。但需要指出的是，高职图书馆按照办学原则、培养目标、专业设置等方面的规定和要求，已经形成了与普通高校图书馆不同的特点。因此，高校图书馆的资源共享与馆际合作是不同的。

首先，学院办学历史短，经费不足，文献收集不足，无法补充文献收集，无法满足当前高校教研文献需求等严重问题。其次，职业馆大学水平，但也有一个专业的专家在自然界中，在教学模式更注重实际应用能力的培养在教学内容，注重教学生操作过程和细节的方法解决问题，培养目标是开发生产建设管理服务第一线的技术应用型人才和管理人才，因此，学生在学习过程中，对文献资料、参考资料的需求明显不同于普通高校。与相关服务系统集成。数字图书馆与其他服务系统的联系越来越紧密，电子信息交流和商务活动越来越频繁。数字图书馆应利用其他系统提供的服务，进一步方便读者。

在当今日益激烈的市场竞争中，企业为了提高管理优势，在竞争中处于不可战胜的地位，不断引进国际先进的管理模式和方法。在ISO9001质量管理体系认证成功的基础上，先后开展了职业安全卫生环境管理体系认证。一个企业发展两个以上管理体系认证的情况已经形成。为提高管理效率，企业整合质量管理、职业安全卫生、环境管理体系进行认证已成为必然趋势。

职业安全卫生质量管理、环境管理体系整合的必要性和可行性。由于历史原因，大多数企业的质量管理、职业安全卫生和环境管理体系可能会在不同时期建立和认证。企业可能面临两到三个认证机构。不同的认证机构往往在不同的时间进行认证审核，不同认证机构的审核风格也不同，企业管理者往往不知所措。在企业内部，这三个系统的独立建立和运行也给企业的工作安排增添了许多不必要的麻烦和不必要的资源浪费。三种体系的独立运行和认证必然会导致管理效率和绩效的下降。因此，这三个系统的整合是非常必要和迫切的。

尽管这三个系统的企业质量管理、环境管理和职业安全与健康有明显差异的重点关注，解决问题和目标实现，管理原理、原则和方法的标准建立了这三个系统都是相同的，甚至在同一序列。特别是这三个系统都是基于标准的流程模式和PDCA循环模式布局，兼容性强，使这三个系统的集成成为可能。质量、职业安全与健康、环境管理在企业大系统的每一个管理过程中都是并存的，它们在一定程度上相互依赖、相互影响。因此，三个系统的集成，实施综合管理和认证，更有利于提高企业管理效率。

质量管理、职业安全卫生环境管理体系一体化模式。体系要素模式：质量管理、职业安全卫生与环境管理的立足点在于每一个工作过程。人们在每一个工作过程中都要考虑三个问题，即工作的要求和标准（质量），存在什么风险，如何避免（安全与健康），会出现什么环境问题，如何控制（环境）。ISO9001质量管理体系标准的出发点是首先进行"过程识别"，识别哪些过程（过程或活动）以及这些过程之间的关系应该贯穿于产品的产生、形成和实施的全过程。这些过程（过程或活动）基本上涉及企业的整个管理系统。因此，质量管理、职业安全卫生与环境管理的整合应注重质量管理体系的过程。也就是说，在质量管理体系过程（活动）的基础上，增加职业安全卫生管理体系和环境管理体系的要素和要求。三个系统的过程或要素可以分为两部分：公共过程（要素）和专业过程（要素）。

在这三个系统的集成过程中，系统元素（流程）的组成应该根据不同体系结构模式和生产流程的性质和特征进行设置。通常先确定三个系统所需要的公共要素和组织结构，然后在这个框架下确定每个系统的专业要素。为了简化这三个系统的组成部分，必须将人、机、物、法、环境这五个管理要素结合起来。例如，质量管理的"采购"应扩大到采购职业安全卫生防护设备和安全设施。《职业安全卫生管理制度》和《环境管理制度》中"法律法规要求"的适用范围，扩大到《外部文件一》的管理，即，国家技术标准、法规和规范"在质量管理体系中"。

体系文件结构模式：大部分企业的质量管理、职业安全卫生与环境管理体系的文件结构为金字塔结构。企业可以根据组织规模、结构和系统文档的成熟度来选择和决定集成模式。如果新成立企业的三个系统，有必要实施"一体化"模式在一个步骤和集成质量管理职业安全健康和环境管理体系：即管理手册、程序文件的一组和一组操作文档，如果企业的三个系统是建立在不同的时间，适当的采取"全面"的模式集成。此时，三本管理手册仍保留，程序文件和作业文件实行"三合一"。无论采用哪种方式进行集成，程序文件的数量都应满足不同管理体系认证的需要。质量管理、职业安全卫生、环境管理三大体系在文件编制过程中应分别编制专业要素或核心要素。

质量管理、职业安全卫生、环境管理相结合的方法和步骤。

三个系统集成方法：质量管理、职业安全健康和环境管理系统集成方法可分为依靠他们自己的力量和整个法律自我寻求外部专业支持整个法律顾问，选择什么样的方法应该基于企业三个程度的记录系统，操作时间，员工熟悉程度和企业规模，等等等等。当企业拥有一批熟悉企业生产经营流程、掌握三大系统运行本质的骨干人员时，应采用"自集成方法"，使集成系统更具可操作性和有效性。

质量管理、职业安全卫生、环境管理三大体系的整合。这三个系统的集成是一个涉及企业各职能管理的系统工程。应当有组织、有计划、协调地进行。

（一）建立统一的工作组织。集成工作组织一般包括以管理者代表为首的"集成工作领导小组"和由各职能部门负责人和关键人员组成的"集成工作领导小组"。

（2）制定综合工作计划，明确综合工作的任务、思路和要求。积分时间不能设置得太长或太短。一般6~8个月为宜。

（3）进行培训，重新学习和理解三个体系标准的要求。使参与综合工作的所有人员进一步了解这三个系统所依据的标准，并着重了解这三个系统的共同领域和特点。

（4）对三个系统的运行情况进行调研。我对这三个系统在可操作性和有效性方面还存在哪些问题有了深入的了解，重点是在这三个系统之间可以合并和简化哪些活动（流程）、文档和记录表单。

（5）三个系统的集成设计。系统设计的内容包括：集成模式、组织调整、公共性和专业性要素的确定、系统文件的格式和数量、运行文件的名称和数量、记录表的名称和数量。

（6）编制系统文件。在编制文件之前，应编制一份汇编指南，以澄清文件（表）的格式和编号规则。文件的编制应由活动职能部门负责，不能由"学者"代笔。文件的写入顺序应该先编译程序文件，然后再编译操作文件。

（7）组织系统文件的审核和批准。对制度文件的审查应分为层次和阶段。文件评审应注重合理性、可行性和可操作性。

（8）新系统文件的发布和操作。文件发布后，应采取文件和表格发放到位、组织文件宣传学习等支持文件运行的措施。

（9）及时修改和完善新系统文件。及时修改和完善新文件操作中发现的问题。为了及时发现问题，应在文件发出后6个月内组织一次集中内部审计或外部审计。

4. 个性化的服务体系

个性化服务是数字图书馆发展的动力。读者服务系统对个性化的追求，是指在资源的创造、提供和增殖过程中，读者不断地被其想象力和创造力所吸引、激发和帮助，为读者创造个性化、多样化的数字图书馆环境。

个性化，顾名思义，是一种并不普遍流行的东西。在大众化的基础上，有必要增加一种独特的、另类的、有自己特点的、独特的表述。创造一个不同的外观。James, Martin （J Mes Manin）在研究"数据处理危机"问题的同时，提出了基于软件劳动税和数据库技术的信息工程新方法。信息工程以建立综合计算机化管理系统为目标，强调了以下几个原则：信息系统的数据结构应该是稳定的，只有处理过程发生变化；最终用户应该真正参与信息系统的建设。

"面向数据"（或"以数据为中心"）的开发方法。马丁认为，根据诺兰的模型的发展阶段，是非常重要的在总体数据规划做一份好工作，这是必要的对底层数据的发展环境（"数据文件"和"应用程序数据库"）高级数据环境（"主题数据库"和"综合数据库"）。本课题的一个基本和核心任务是数据库的规划、设计和建设。

William drell 1985年出版的专著《数据管理》总结了近年来发达国家企业信息资源管理的经验，提出了一系列信息数据管理的标准和规范、具体策略和工作方法。杜瑞尔认为，没有有效的数据管理，就没有成功而高效的信息处理，更谈不上建立整个企业的计算机信息系统。他的工作实现了dinoran模型的后期和Martin主题数据库环境的形成，解决了构建的基本问题。

进入20世纪90年代，发达国家企业之间的激烈竞争日益表现为高新技术的竞争，其中之一就是谁能快速建立一个新的信息系统，谁就能得到发展。数字图书馆系统建设需要考虑每个阶段的风险来源，对可能产生的结果做出必要的解释，并针对每个风险给出具体的解决方案。数字图书馆建设的主要方向应该是资源的处理与整合。

所谓处理，就是突出资源的确定性。通过图书馆常用的元数据，详细描述资源，提取特征资源，帮助读者识别资源。元数据的建立有利于双重检查，避免资源的重复。

图书馆资源整合主要包括：图书馆目录的整合；多媒体电子资源与传统纸质资源的整合；图书馆资源与其他图书馆资源的整合。在处理集成的过程中，需要在现有在线编目的基础上，开展各种资源的广泛协作构建，形成传统文献资源与广域网上电子资源的联合构建与共享系统。

以改革创新为切入点，创造数字图书馆发展环境。当前的图书馆管理理念一直阻碍着图书馆事业的发展。图书馆经费有限与出版物无限增长的矛盾一直困扰着图书馆界。图书馆应适应信息时代发展的需要，从以下几个方面进行改革创新。意识形态的改变。传统的意识形态是以书本为基础的。图书馆的主体是书。图书馆的业务活动以书籍为中心。以人为本，是指图书馆以读者服务为中心，贯穿图书馆各项业务工作的以人为本的思想。从以书为本到以人为本，馆藏结构、服务内容和服务模式都会随着社会和读者的需求而变化。图书馆将与社会和读者更加紧密地联系在一起，其经营活动也将始终以社会和读者的需求为中心。

管理体制创新。传统的管理体制突出了对图书馆各部门、各层次的管理。新管理体系倡导多功能的综合管理，寻求各工作环节的协调运行。加强统筹规划，逐步建立统一协调的发展机制，建立统一高效的宏观管理协调机制。

制度创新是指在人们现有的生产生活环境下，通过创造新的制度和规范的制度，更有效地激励人们的行为，从而实现社会的可持续发展和改革的创新。所有的创新活动都依赖于制度创新的积累和持续激励，制度创新以制度化的方式不断固化和发挥作用。这就是制度创新的积极意义。

制度创新的核心内容是社会政治、经济和管理制度的创新，管理人类行为和规则的变化之间的关系，是组织之间的变化关系及其外部环境，其直接结果是激发人的创造力和热情，不断地创造出新的知识和合理配置社会资源和社会财富的不断出现，最终促进社会的进步。

同时，良好的制度环境本身就是创新的产物，最重要的是创新的政府。只有创新型政府才能形成创新体系和创新文化。现有的科技创新体制和机制，政策，法律法规等等许多问题要解决，在很大程度上取决于中央政府和地方政府可以拿出创新的新思想改革的精神，与此同时，政府的主导作用在经济活动纳入公共服务提供者，创造高质量、高效廉洁的政务环境，完善自主创新综合服务体系，充分发挥各方面积极性，制定和完善促进自主创新的政策措施，落实好政策，激发各类企业特别是中小企业的创造力。

制度创新的必要性：自主创新是强国之路，制度创新是自主创新的保障，是推动自主创新和经济发展的重要动力。因此，制度创新应成为自主创新中亟待解决的首要问题和突破的关键。要营造鼓励和支持自主创新的良好文化制度环境，包括体制改革、体制建设、政策支持、人才培养、作风建设等。

民生银行行长董文标曾表达过自己的工作思路：制度创新是创新的基础。没有制度创新，就没有核心竞争力。和深圳自主创新来达到一个更高的水平，如企业在研究开发机构，研究和开发人员，研发支出和四种方法申请专利在90%以上，这也是因为系统科技政策体系和激励机制的不断创新，反过来，调动企业和广大科技工作者的创新积极性，营造有利于创新成长的良好环境。

技术创新管理是管理领域的发展方向。人们越来越认识到，企业的可持续竞争优势来源于其稀缺的、有价值的、非完全模仿的、可替代的资源。由于管理环境的复杂性和多变性，科学管理的难度越来越大。对于经济与管理专业的本科生来说，掌握技术创新管理的基本知识和方法，是适应知识经济、信息化、全球化发展趋势，成为高素质管理人才的迫切需要。

重组图书馆业务流程，建立快速响应用户的运行机制。自动化和网络条件下，图书馆应突破传统的显示业务流程管理机制，重组图书馆的业务结构体系，并建立以自动化为中心的运行机制，面向社会，快速响应用户的需求，解决用户的实际问题。弱化以编辑流程为主导的管理环节，建立以用户服务为主导的业务体系。图书馆工作重心应由一般借阅和借阅服务向咨询服务转变。员工应对知识和信息进行分析和学习，并进行深入的信息处理和参考咨询。

建立一支适应网络化发展的专业化管理队伍：管理队伍是管理的主体因素，无论是现代化的设备，还是现代化的文献资源，都离不开高素质的人员管理。因此要重视人才的发展战略，为迎接知识经济的挑战提供可靠的智力保障。

网络环境对图书馆员的挑战是巨大的。图书馆要对专业技术人员的专业知识不断更新、拓宽，完善知识结构，提高专业创新能力和业务水平。以适应现代科技信息服务的需要，为数字化图书馆的可持续发展提供技术支持。

（五）数字化图书馆的版权分析

1. 版权构成条件

关于这幅作品的构图。根据一般理论，一个作品的构成需要满足三个条件：首先，它必须有一些精神上的内容，也就是说，工作必须有一些意识形态或审美精神内容；其次，精神内容需要表达一定的表达，在大脑的想法不能工作，必须要有特定的表达，另一方面，需要在外部世界，但是否一样保存磁带或写或即兴创作和短暂的喜欢唱歌或演讲，无论；第三，原始，也就是说，通过个人的智力劳动来完成工作，显然，剽窃不算。现代工作显然不可能是空中楼阁，经常使用一些前辈在工作，或者已经在公共领域作品免费使用的材料创作，创作完成工作的方式造物主只是在最初的部分版权，碎片最初的部分可以被理解为原始，和工作作为一个整体的存在。

2. 法律规定

著作权人依照著作权法的规定，可以依法在法律规定的期限内享有作品的专有权。一般来说，其他需要使用作品的人，应当事先取得著作权人的许可，并支付报酬。但是，著作权法也规定了著作权的使用不需要依照法律规定的方式取得著作权人许可或者支付报酬的若干情形。著作权的期限，简而言之，对个人来说，是死亡五十年后，行为权利和其他精神权利的无限期限；对单位和法人来说，是作品首次发表五十年后。

在其他情况下，根据国际条约的规定，大多数重要国家都加入了共同的国际条约。在这些缔约国境内生产的作品也受中国著作权法的保护。根据这一理论，版权地区特征，也就是说，保护知识产权的承诺，但如何保护，作者有什么权利保护周期多长时间和由各国自己决定，在中国工作的使用行为显然需要确定，根据中国在美国版权法的行为需要使用版权依照著作权法在美国来决定。

版权（也称为著作权，包括下面的人身权利和财产权利：出版的权利，作者的权利，变更、完整性的权利，版权，分布，租赁，展览，展示，广播、信息网络传播权，权、翻译权的权利，大会的权利，著作权人享有的其他权利。

无国籍人的作品的著作权，依照作者所属国或者经常居住地国同中国签订的协议或者共同参加的国际条约，受中国法律保护。外国人、无国籍人的作品首次在中国发表的，其著作权自作品在中国发表之日起受中国法律保护。

3. 权利种类

的版权已经快速发展在过去的一百年里，原来是纯的出版商，权利，由于电影的发明已经公布，公众的权利，广播和电视转播权的发明，今天在互联网的普及，公众传播权，那么除了这些一个接一个新型图书版权，其他更传统的权利也由于改变人类生活，例如，随着国际交流的日益频繁，作品在各个领域的传播和传播权利得到了国际的关注；在过去，著作权人根据所有权租赁作品的权利在规模上是有限的，对著作权人的利益影响不大。然而，大型连锁书店租赁的出现严重影响了著作权人的利益，因此作品的租赁权也必须加以考虑。

一般来说，著作权人对作品享有几种基本权利，其中一些是专有权。他们有在约定条件下使用或许可他人使用其作品的专有权。

11. 著作权人可以禁止或许可

以多种形式复制各种作品，如通过印刷或录音复制语言作品或音乐作品。口授和表演他的作品，如戏剧和表演作品或音乐作品、中国作品等。

通过无线电、有线电视、卫星或因特网公开传送或传送他的作品。

公开发行其视听作品；公开展出其摄影、艺术、美术作品。

将自己的作品翻译或改编成另一种语言，如将小说翻译成电影或电视剧，或将英文翻译成中文。

许多受版权保护的创意作品需要大量的发行、传播和投资才能得到推广（如出版物、音乐作品和电影）。因此，版权所有者通常会将他们对作品的权利授权给最能推广该作品的个人或公司，并收取一定的费用，而费用通常在作品实际使用时支付。此费用称为许可费/特许权使用费。

根据世界知识产权组织的相关条约，作品的财产权以创作者去世后50年为限。但是，由于各国国情不同，国内法可以规定较长的期限。这种时间限制允许造物主和他的继承人在合理的时间内从他的工作中获得经济利益。

享有作品著作权的人，通常可以通过行政手段或者法院保护其财产权，包括搜查其住所，寻找其制作或者拥有非法复制品的证据，即，与受保护的作品有关的"盗版"。权利人也可以请求法院发布禁止非法活动的禁令，并可以要求侵权人就其财产权和姓名认定承担损害赔偿责任。

第二节　信息化图书馆的用户分析与研究

我们都知道如何销售，销售什么样的产品，我们必须找到合适的消费群体。只有这样，我们才能事半功倍，最终取得成功。现代信息图书馆也是一样，在做一些别人需要的书之前，我们必须知道别人需要什么，这样才能满足别人的需要，帮助自己的利益。因为这些问题，就像一场战争，我们只知道对方的实力，这样我们才能为他们而战。

随着计算机和通信技术的发展，知识经济日益成为社会经济的主流。用户在这一时期的信息需求也呈现出许多新的特征。网络技术的飞速发展，实现了信息资源的交流与共享。为了最大限度地满足用户的信息需求，现代图书馆必须采取一些新的措施。

一、用户信息需求的定义

信息用户是指具有信息需求、利用信息资源的个人用户和社会群体用户。

信息使用者不仅包括具有信息需求和信息接收行为的社会成员，还包括能够参与社会信息传递过程的社会成员。

信息需求是信息使用者最基本的特征。信息需求是指个体的内部认知与外部环境（包括自然环境和社会条件）之间的差异和不足，由此产生的需求属于人类本能的范畴，是一种客观存在。美国人本主义心理学家马斯洛在《人类动机理论》一书中率先提出了需求层次理论。他认为人的需要可以分为五个层次：生理需要、安全需要、情感和归属需要、地位或被尊重的需要、自我实现的需要。

这五个需求依次发生变化，当一个需求得到满足时，另一个需求的强度就会增加。

用户信息需求是人类总需求的一部分，是指信息用户对信息内容和信息载体的期望，对促进人们的信息活动具有重要作用。它是激励人们积极开展信息活动的源泉和动力。国内学者借鉴马斯洛需求层次理论研究了图书馆用户信息需求的结构，提出了图书馆用户信息需求的五个层次。

在网络环境下，用户的信息需求呈现出新的特点，主要表现在需求的广泛性、精确性、深度和高效性。这些特点是：网络的发展能够使人们获得最快速、最有效、最广泛、最专业的信息知识。

二、用户信息需求的广泛性

在现代信息环境和科学技术条件下，人类信息资源以前所未有的程度和方式在全球范围内相互联系。随着人们信息意识的不断增强，各行各业的人们都深刻认识到信息的重要性，对信息的需求也变得越来越迫切。社会的每一个成员都成为了知识和信息需求的对象，传统的信息服务模式越来越难以满足用户广泛的信息需求。这种普适性主要表现为时空普适性、内容普适性和形态普适性。

时空上，用户希望获取的信息不受时间、地域的限制。在内容上，不仅要公开发表，还要包括会议文件和非公开开发银行的内部资料。你需要正面和负面的信息。形态上，除了文本信息外，还需要声音、图像等多媒体信息。用户信息需求也各不相同。

（一）用户信息需求的精深化

用户需求的精深化和用户需求的广泛化是相对而言的，广泛化是指获得的信息具有全面性的特点，是从广度上来说的。精深化是指图书馆提供的信息与知识产品是集成的、系统的、专深的、精确的，主要是从深度上来说的。网络的发展，刺激着用户各种新需求的产生，同时伴随着职业工作的需求和知识积累与更新的需要，用户迫切希望得到适合工作、学习等方面需求的系统化、职业化的知识信息。

（二）用户信息需求的高效化

随着计算机的普及和网络技术的不断应用，用户长期以来追求的信息效率目标已经实现。所谓信息的高效率主要是：内容的实用性要求。

互联网的本质是信息的流动和信息的开放性。更多的用户希望他们得到的信息的价值能够立即实现。而且，随着工作节奏的加快，客观上要求信息能够快速满足工作的需要。因此，用户更注重实际的技术信息，而不是相对抽象的基础理论。通过对图书馆的调查发现，用户对经济、旅游和新兴学科的信息需求日益增加，而对历史、哲学等传统人文学科的信息需求逐渐减少。

（三）用户需求方式的多样化

多样化我们可以借助经营多样化来看我们数字图书馆的多元化。让我们数字化的图书馆建设也采用多元化战略，符合群众的需求。

三、多元化发展的战略

通过多元化战略，企业可以占领更多的市场，开拓新的市场，避免单一经营的风险。所谓产品多元化，是指企业生产的新产品跨越多个不一定相关的行业，而且大多是系列化的产品。所谓市场多元化，是指企业在多个市场上的产品，包括国内市场、国际区域市场乃至全球市场。所谓投资区域多元化，是指企业的投资不仅集中在一个地区，而且分散在许多地区甚至世界各国。所谓资本多元化，是指企业各种形式的资本来源和构成，包括有形资本和无形资本，如证券、股票、知识产权、商标、企业声誉等。

一般意义上的多元化经营，更多的是指产品生产的多元化。多样性和产品差异化是两个不同的概念。产品差异化是指同一市场的差异化，但本质上是同一种产品。多元化是指同一企业的产品进入异质市场，同时增加新产品的种类，同时进入新市场。因此，多元化经营在企业战略中属于产品市场战略的范畴，产品差异属于同一产品的差异化。同时，企业多元化经营战略的定义必须是，企业异质性强的主导产品占企业产品总销量的比重小于70%。

（一）多元化战略的模式

1. 横向多元化

横向多元化是以现有产品市场为中心，横向拓展业务领域，又称横向多元化或专业多元化。横向专业化有三种类型：

（1）市场开发，即在现有产品的基础上开发新的市场；

（2）产品开发，即以现有市场为主要对象，开发与现有产品类似的产品；（3）产品与市场开发类型，即以新开发的市场为主要对象，开发新产品。

这种策略的基础上进行了最初的市场和产品，所以产品凝聚力强，开发、生产和销售相关的技术程度很大，管理变化不大，适用于原始的产品信誉，市场广泛，大型企业的发展潜力。

2. 多向多元化

这意味着，虽然它与现有的产品和市场领域有一定的关系，但是它可以通过开发完全异质的产品和市场来实现业务领域的多元化。这种多向多元化包括三种类型：

（1）技术关系多元化。这是指以现有业务领域或生产技术中的研究技术为基础，以异质市场为对象，开发异质产品。由于这种多样化利用了研发能力的相似性、原材料的共性和设备的相似性，可以获得技术的倍增效应，有利于大批量生产，在产品质量和生产成本上具有竞争力。而且，各种产品的用途越不同，多样化的效果就越明显。但是在技术多元化的情况下，一般来说销售渠道和促销方式是不同的。这不利于市场竞争。这种多元化一般适用于技术密集行业的大型企业。

（2）营销关系多元化。这是在现有的营销活动的基础上，在营销领域，冲击不同的产品市场。多元化营销采用共同的销售渠道、共同的客户、共同的促销方式、共同的企业形象和知名度，具有成倍的销售效果。然而，由于没有生产技术、设备和原材料等方面的倍增效应，很难适应企业的变化，也不容易应对所有产品同时老化的风险。这种多元化适合技术密度低、营销能力强的企业。

（3）资源多样化。这是在现有企业已有物质基础的基础上，打击异质产品、市场领域，获得资源的充分利用。

3. 复合多样化

这是一个策略从产品和市场寻求增长机会，与现有业务领域没有明显的关系，也就是说，新业务开发的企业与原来的产品和市场，和所需的技术、业务必须再获得的方法和销售渠道。复合多元化可以分为以下四种类型：

（1）多元化的资本关系。这是指一般关系转换单位的资金作为融资或增资、增资的发展，是协作单位。

（2）人才关系的多样性。在企业中发现专利或者特殊人才，是用来发展新业务的。

（3）信贷关系多元化。指接受金融机构委托，对因资金损失而濒临破产的企业或者其他经营不善的企业进行改造。

（4）联合多样化。这意味着退出目前的业务领域或发展成为一家大型企业，采用资本多元化的合资企业。

（二）我们数字化图书的建设也要符合多元化建设

随着网络的发展和整个社会节奏的加快，用户已不能满足仅在图书馆查找大量相关的信息，而是希望在最短的时间内查找到所有相关的信息，既保证查全率，又保证查准率，于是对数据库的利用就成了信息用户的首要选择。同时为了更及时、更简便地获取所需的信息，大多数的信息用户更愿意通过网络方式获得服务

第三节　现代图书馆用户研究的主要内容

随着科技的发展，我们现代化数字图书馆应运而生，在近几年的发展里，也逐渐强大。但我们的步伐也不能停止，还要随着时代的前进一步步不停的走下去。那么我们就要研究用户对我们的要求因为数字化图书馆是为用户服务的。

第四节　信息化图书管理员的管理与培养

图书馆的性质和服务对象决定了图书馆工作人员必须具有较高的综合素质和专业学科理论素养，图书馆工作的有效性在很大程度上取决于工作人员获取新知识和新技能的能力。他们不仅要学习图书馆的业务知识，还要学习学校的重点专业知识，以满足选题确定和跟踪服务的需要。还必须掌握最新的信息技术，能够对读者从网上查询到的信息进行筛选、整理、组织，真正发挥信息专家、网络领航员、网络信息服务器的作用，指导读者更好地利用网络资源。

21世纪高校图书馆所需要的人才是高素质的复合型人才，肩负着崇高的历史使命。他们具有专业知识、新观念、多种服务技能，满腔热情地投入到图书馆的工作中。它使图书馆成为：为读者提供高效、优质的专业服务，并具有"读者第一、服务第一"的以人为本的思想。在服务读者的立场上，形成了人人注重质量、效率、结果的总体氛围，为读者提供了一个重新认识和自我塑造的平台。我们应该鼓励图书馆在各方面培养更多的模范和一流人才，努力树立一个完美员工的良好形象。高校图书馆在当代社会中的地位和作用。在信息社会学习，大学图书馆肩负着教学、科研任务，而且还承担培训和管理优秀人才等重要任务，教学和科研、服务和教育、管理和人员等方面，高校图书馆功能和地位显得越来越重要。高校图书馆优秀人才选拔的标准和重要性。如何看待优秀人才的选拔标准，已成为当代图书馆发展的一个重要问题。传统的借贷形式已经不适合知识经济的转型。人才综合素质已成为未来培养和选拔优秀图书馆人才、构建图书馆核心竞争力的重要因素。指导图书馆员积极学习，全面提高综合素质。

一、信息化图书馆怎样做好服务工作

面对信息时代，图书馆的功能的文档保存不再是评价其质量的基本条件，但占主导地位的一个文档信息传播的功能，也就是说，如何充分利用图书馆和网络信息资源通过有效的服务方法，为读者提供最满意的服务。打印文件载体文献转换、地面服务网络服务的发展，和认证服务，以避免过渡，通用服务和个性化服务的特点，图书馆服务工作必须坚持以人为本，进一步加强读者的需求研究，完善信息服务手段，不断提高读者服务水平和服务质量。

（一）树立主动服务的观念，强化主动服务意识

图书馆的服务不仅表现在服务态度的积极性和主动性上，而且表现在主动服务的意识上。要做到这一点，首先要打破传统的"重隐轻用"的思想，树立"读者第一，服务至上"的理念，真正做到从书本定位到人本位的转变。我们应该积极与读者进行沟通和沟通，尽快建立图书馆读者沟通系统，了解读者的真实和潜在需求，把握采购方向，满足读者对文献资料的需求，保证图书馆馆藏的准确性和完整性。图书馆也应

该承担责任的信息筛选，筛选和传播，充分利用网络信息技术，积极开展读者需求的研究，跟踪服务，sdi报道动态集成等读者服务，建立智能信息检索系统，专业信息资源导航信息服务系统、个性化的处理功能的发展，等等，最大限度地满足读者的信息需求。

（二）开展个性化服务，提升亲和力

由于不同的知识背景、专业背景、环境背景等等，人们的需要的信息有不同的性格特征，人们使用图书馆个性化需求，个性化服务是图书馆服务的深入发展的一个重要手段，图书馆需要提供个性化的服务来满足这一需求。要充分考虑读者的个性特点和独特的信息需求，为读者提供个性化的信息环境，尊重读者，以读者为基础，为读者提供人性化的服务。了解人性在服务的过程中，高度重视人的尊严和价值，包括人性的弱点，站在读者的立场想，扩大开放运行时间，设置语言和人文图书馆宣传卡片，使用的资源来实现快速和方便的保健，启动一个服务，读者买书，提供周到的人性化服务，以满足人们对资源的需求和社会需求的服务。在网络时代，根据用户的特点提供有针对性的信息内容或系统功能，在特定的网络中。功能和服务模式，设置网上信息源的方式，形成特定的网上功能和其他网上服务等，主动向用户提供可能需要的信息服务。

此外，我们必须建立读者为中心的服务理念，实施"服务第一，以客户为中心"的宗旨，真正"的呼唤读者作为第一信号，读者需要作为第一选择，读者的满意作为第一追求"，以人为本，在服务中的情感整合工作，关怀读者，读者爱别人的，对读者的理解，人性化读者，一千方数以百计的读者加重，把自己置身于读者的利益之中，增强图书馆人的亲和力，增强图书馆的良好形象，丰富图书馆文化的内涵。所有工作地址读者的需要，高管担心读者，尊重读者了解读者，服务为先导，图书馆员和读者之间形成相互协调应对服务体系，使图书馆不仅仅是书收集和配送中心，更多的读者精神生活的港湾，享受的精神升华的寺庙。

（三）着力理念创新，构建和谐服务机制

可持续发展的知识服务管理模式既要满足当代人的知识需求，又要考虑信息资源对后代生存利益的影响。知识服务根据用户需求为驱动力，将更加科学、高效、友好和谐，以满足用户的信息需求，通过分析和重组的信息与知识的高附加值产品，以满足用户的需求，其服务宗旨是通过这项服务，解决用户的问题知识服务在促进经济发展同时，还应考虑到对社会和环境的影响。对有利于经济发展但对环境有害的行业和项目，不能提供服务。知识服务不仅要着眼于眼前的利益，更要忽视未来的发展。因此，我们必须树立先进的服务理念，这是创新的基础，图书馆服务创新应注重打造服务是品牌，服务是文化服务是获取的理念。

目前，为实现知识服务由传统模式向现代模式的转变，和谐服务是图书馆创新的服务模式，是一种人性化的服务，是在知识、信息共享、传播融合的基础上提供的知识增值服务。通过知识管理和运作方式增强服务意识和服务功能，通过内容创新和方

法创新，丰富图书馆服务内容，增强图书馆服务能力。此外，实施承诺服务，做到分工明确、各司其职，建立运行监督制度，引入竞争机制，完善激励机制，改革用人制度，稳定专业人才队伍，保证承诺服务质量。

（四）加强职业道德规范教育，提高馆员素质

作为服务部门，图书馆工作人员质量是更重要的比商业操作的操作能力，有事业心，爱作为起点，对事业充满了情感和责任感，有高尚的道德情操，肯尼迪的奉献梯子，面对琐碎的日常工作不颓废，不沮丧，不敷衍了事，总是用积极的态度和充分的精神状态工作；有一个清晰的理解和强烈的兴趣在图书馆职业，职业道德的奉献、创新理念的探索，开拓竞争意识和凝聚力的团队精神，有良好的道德修养和较高的专业素质，在工作中遇到的问题与正确的方法，良好的态度和优美的语言来解决，以提高自己的质量，具有深厚的专业知识，细致耐心的工作作风，扎实的专业理论基础，丰富的实践经验和熟练的业务技能；要有得体的着装，优雅的坐姿和走路姿势，良好的礼仪，始终有一个友好的微笑，真诚的问候和真诚的服务，一点一滴。

简而言之，做好读者服务工作，为了服务于读者必须掌握的技能，在服务的过程中，及时、准确地满足读者的需要，学习业务，致力于和谐服务，增强可持续发展的能力，提供到位的服务，建立了图书馆和读者之间的和谐关系充分发挥图书馆在精神文明建设和道德文化教育方面的积极意义，充分体现图书馆的文化宫和知识价值。

二、新形势对图书馆服务人员的素质和能力要求

（一）对图书馆员的素质要求

现代图书馆正逐步走向以人为本，馆藏结构和服务内容也会随着读者需求的变化而变化。最大限度地为读者提供多样化的信息服务是现代图书馆的宗旨。因此，图书馆员的实践能力和对信息需求的反应能力已成为关键因素。在新的形势下，图书馆员的工作也不过去借一些必须解决各种咨询读者用户和各种特殊服务和指导用户的信息检索、图书馆业务流程和服务的方式发生了巨大的变化，现代科技服务意味着简单的铅字转变，从被动服务模式还借低水平提供更高的转换的信息。因此，新时期图书馆员的素质要求与以往有很大的不同。图书馆员应适应时代的需要，不断提高自身的综合素质，主要包括思想品德素质、信息管理的收集与整理、研究与开发的专业知识、良好的中英文表达阅读能力、多学科知识等专业素质。

1. 思想道德素质

过硬的思想道德素质是图书馆员胜任图书馆工作的基础。由于图书馆是属于社会的公益事业，经济收入自然比不上其他行业，这些年来，许多图书馆专业的毕业生不愿到图书馆工作，有的只是把图书馆工作当作安置家属的好去处，使图书馆不能真正发挥作用。因此，图书馆员在思想道德素质上要特别注重开拓、奉献、敬业精神和责任感的培养。

2. 业务素质

首先，图书馆员必须具备广泛的知识，掌握信息和相关学科的基本理论知识，以便更好的开展信息服务工作；第二，通过引入图书馆计算机管理系统，学习掌握新技术的知识和技能是每个图书馆员的迫切要求，如软件开发技术，如信息技术、网络技术、只有掌握了图书馆自动化这一宽学科的理论知识和基本技能，熟练掌握了图书馆的编辑工作和技术服务、读者的方法、开发信息资源的能力等，才能更好地为读者服务。第三，与一定程度的外语，掌握一两门外语，以满足e时代的需要，否则它将像文盲一样，无法理解外语信息在互联网上，它将无法在图书馆做得更好。

（二）信息时代图书馆员素质教育的主要内容

1. 政治思想和职业道德教育

图书馆员的政治思想素质和职业道德水平，是高校图书馆事业发展的关键，也是提高服务质量，充分发挥高校图书馆员职能的根本保证。加强馆员的政治思想和职业道德教育，是图书馆员队伍建设的一个永恒的主题。高校图书馆员应努力学习马列主义、毛泽东思想和邓小平理论，努力实践"三个代表"重要思想。做到爱岗敬业，开拓进取，踏实工作，全心全意地为读者服务。

2. 专业素质教育

坚实的基础知识图书馆信息科学、广播的广泛知识，深厚的专业造诣，教学和研究能力强，组织管理能力和熟练的业务技能是大学图书馆员的专业素质应该有，以及能力照顾家庭和为读者服务的基础。高校图书馆应针对不同岗位和知识结构，对馆员进行不同程度的专业素质教育。例如，毕业于图书馆馆员信息主要可以进行教育的第二专业知识和技能，扩大知识范围，提高文档的整合能力和图书馆知识导航服务水平和质量，图书馆员不是图书馆信息的毕业生主要应该开展图书馆信息教育专业知识和技能，系统地学习和掌握图书馆学的知识，参考书目，从而为胜任图书馆管理工作打下坚实的基础。学历较低的图书馆员应掌握图书馆信息的基本知识，掌握教育程度，储备知识，同时做好本职工作，同时也为图书馆员职称晋升等方面的自我发展。

3. 信息素质教育

信息素养是指利用大量信息工具和资源解决问题的技术和能力。它既是一种能力，又是一种基本素质，是信息环境下高校图书馆员综合素质结构的瓶颈，也是图书馆亟待解决的问题。信息素质教育的主要内容包括信息意识教育、信息道德教育和信息能力教育。加强图书馆员的信息意识和信息道德教育，可以使图书馆员在面对网络海量、繁杂的信息资源时，具有高尚的信息道德、敏锐的信息意识、正确的信息价值观和健康的信息心理。信息能力主要包括信息阅读能力、信息检索能力和信息处理能力。信息素质教育能力是外语学习的基本内容和信息技术教育，因为大多数的在线信息资源在一个外国语言（特别是英语）为载体，所以高校的图书馆员必须有一个良好的外语水平和熟练的操作能力，和信息技术进行网上信息阅读的信息检索知识，信息处理，信息传递信息导航。加强图书馆员信息素质教育，提高图书馆员的外语水平，掌握和应用计算机技术、光盘网络知识和信息处理与分析技术，已成为高校图书馆信息素质教育的关键。

4. 创新素质教育

图书馆员的创新素质教育是图书馆事业不断向前发展的根本保证。加强图书馆馆员的创新素质教育，增强图书馆员的创新意识、创新思维和创新能力，使馆员在工作中能以开拓进取、勇于创新的精神，善于动脑、勤奋思考，充分运用新知识、新技术以及丰富的工作经验，不断探索有利于图书馆事业发展的新理论、新机制、新领域。以先进的科学知识和技术、较强的创新思维能力，挑战动态、变化和多元化的现代社会，把高校图书馆建设成真正的知识"喷泉"。

（三）信息时代图书馆人员素质教育的具体措施

1. 树立人才第一的观念，实施人才兴馆战略

馆员是图书馆事业发展的第一要素，图书馆领导层应以强烈的时代责任感，牢固树立人才第一的观念，优化人才结构，建立合理的人才结构制度。强化人力资源观念，从图书馆事业生存与发展的战略高度，分析和形成人才和智力的投入产出创新和发展的新思路。在图书馆改革中，应首先建立人才培养机制，加强图书馆员的素质教育，实施人才兴馆的战略。

2. 采取切实有效的多样性、针对性的素质教育形式

学习方法和学习途径的确立是图书馆员素质教育过程中的重要环节。图书馆应从实际出发，采取切实有效的多样性、针对性的教育训练形式，如方便经济、针对性强、见效快的岗位培训；使馆员能够全面系统的学习和掌握专业知识，提高文化素质培养的学历教育；培养高、专、深人才的脱产进修；开阔视野、交流经验的学术会议和业务考察；实现馆际人力资源培训和共享人才交流等。

3. 建立和完善馆员素质教育的规章制度

图书馆员的素质教育是一项需要长期不断进行的工作。该项工作的顺利开展，除了图书馆领导层的高度重视以外，还需要图书馆员的密切配合。因此，高校图书馆必须建立一套完善的图书馆员素质教育规章制度。根据本馆的实际情况，制定切实可行的学习计划和学习目标，并通过年度考核、职称晋升竞聘上岗等方式，达到有效的激励约束目的。使图书馆员的素质教育工作能长期顺利地开展下去。

（四）新时期需要提高的图书馆员的能力

在信息时代，图书馆员除了需具备较高的整体素质外，还必须有较强的综合能力。主要是指图书馆员能运用图书馆专业知识和相关知识以及现代化信息技术处理图书馆各项工作的能力。包括信息处理、信息技术运用以及解答读者各种咨询等能力。最主要的就是信息处理能力：

1. 信息处理能力包括对信息的感觉力、洞察力、分析力以及概括力。

就是说图书馆员对各种信息要有敏锐的感觉，洞察哪些信息具有利用价值，挖掘出其潜在的价值，将复杂的各种信息加以鉴别、分析处理，从中析出有用信息加以概括归纳、总结。

2. 现代信息技术运用能力

图书馆员除了要具备现代信息技术知识外，更要能熟练地运用现代信息技术，如能用计算机处理各种信息，能建立各种文献数据库，能在网上获取信息，能在网上解答读者各种咨询，并指导读者检索各种文献信息。

3. 解答读者各种咨询的能力

图书馆服务不仅是书刊的流通和阅览，现代图书馆服务更多的是解答读者各种咨询，如文献检索咨询、事实咨询、数值咨询知识咨询、新技术咨询、网络咨询等，尤其是新技术咨询、网络咨询。由于读者相对缺乏这方面的知识，他们渴望知道如何进行光盘检索、电子读物的阅览、如何进行联机检索、网上有多少文献资源，网点地址、如何访问和获取信息等，图书馆员应一˜给他们作答。

总之，随着社会的进步和时代的发展，图书馆员的工作也在相应的改变，图书馆员只有不断地更新知识结构，提高自己的综合素质的工作能力，才能适应e时代的需要，更好地为读者服务。

三、图书馆人员选拔

我们都知道，每个人都有自己的优点和缺点，自己的优缺点决定了你适合做些什么，不适合做什么。我们要借助我们的优点去做一些我们可以做得很完美的事。人才的选拔也是一样，企业和用人单位肯定选一些擅长于他们工作的人。所以理所应当的在选人上面，用人单位要看准人，找对人。让工作更顺利的进行。具体的我们可以根据以下制度来选拔、管理和制约我们的图书管理人员。

（一）以制度引领管理 1. 聘用制度

首先，要进行科学的岗位分析，制定岗位规范，明确岗位职责和基本要求，根据需要设置岗位，因为岗位决定人。大学图书馆中每个职位的技术性其实都很强，并不像大多数人认为的那么简单。任何工作人员都很容易把工作做好。为此，仔细分析了采编、流通期刊阅读、咨询、网络导航等岗位的性质特点，明确了每个岗位需要什么样的人才是员工配置的前提和基础。此外，岗位的设置不能因人而定，要看是否能满足图书馆整体工作的需要。其次，要注重人才专业素质、教育水平、职称结构等方面的科学合理。实现民营图书馆人力资源的合理配置，必须提高馆员的整体职业素质，适当提高教育水平，合理设置职称结构。作为一所民办高校图书馆，并不是所有的工作人员都是研究生和研究型图书馆员，但是学位结构和职称太低是不应该的。此外，有必要对此实行岗位竞争选拔机制。在招聘人才时，应坚持甄选贤能，而不是病贤嫉妒能；要提倡任人唯贤，而不是任人唯亲。我们应该竞争职位，选择最合适的人才。另一方面，对于不适合图书馆工作或不胜任图书馆工作岗位的人员，应予以调动甚至解聘。只有真正做到精益求精、庸庸碌碌、优胜劣汰，才能实现私人图书馆工作人员的优化配置。

2. 进修培训制度

为解决图书馆工作人员专业素质低、结构不合理的问题，有必要建立和完善图书馆工作人员进修培训制度。继续教育和培训计划应具有战略性、长期性和适用性。此外，还应加强职业道德、团队精神、学校文化等方面的教育培训。根据民办高校的实际情况，继续教育培训的形式可以采取内外结合、内外结合等多种方式。例如，参加各种学术研讨会和报告可以开阔图书馆员的视野，启发他们的思维，增加他们的知识，不断提高他们的专业水平和学术研究能力。通过各种学术教育，定期参加有计划地明确的学习目标，西装，时间，集中各种专科、本科课程和研究生课程，以及各种短期培训班的车间，和参加引入图书馆学研究研讨会，交换信息，顺便说一下，让每个图书馆员工目标，安排补充和更新他们的知识，不断提高专业理论水平和实践工作能力，最终提高图书馆整体质量，做好跨世纪图书馆现代化、信息化、智能化和社会建设与发展。进修培训成本，可以根据实际情况，共同支付或支付，自费或图书馆实现了工作职责，有条件的话建议不开放，公平，正义，实现了工作责任，人们有一个任务，有一个电荷，只有明确的责任可以刺激员工的责任。没有责任，管理就会失控。学生应自费，以激发图书馆工作人员的积极性和创造性。

3. 考核与奖惩制度

评估是人力资源管理中的一项重要职能。它的根本目的是：通过奖励和惩罚的评估图书馆员工适当的压力，以激励员工进取，尽自己最大的努力实现目标，通过评估，员工能理解自己的工作和需求以及他们和其他人之间的差距，以提高在未来的工作中，努力做得更好，促进他们的潜力。图书馆在开展评估时，应首先建立评估标准。评价标准应概括为德行、能力、勤勉和绩效。道德，主要是看质量的职业道德，工作责任，服务精神；是的，主要是基于业务知识水平，学习能力，协调能力和与人合作，解决问题的能力和科学研究能力，勤奋，基本上看到研究研究的精神，勤奋进去，遵守劳动纪律情况等。成绩，主要看假定的工作量、工作质量、工作效率、工作效率等。评估的原则和方法包括：评估标准应当明确和具体，评估过程应该是双向沟通，评估和评价应该分阶段，评估结果应与奖惩相结合，评估结果应被视为主要依据制定的工资和奖励和惩罚的任命。

奖惩制度中的奖励包括精神奖励、物质奖励、尊重和信任奖励、行为奖励、培训奖励、参与管理奖励等。例如精神奖励就是通过"口头表扬"、"选拔优秀员工"等方式充分发挥员工的潜能，使其在工作中有所作为，并具有强烈的使命感和成就感。另一个例子是物质奖励，它是一种直接使用金钱和与人们生活息息相关的物质物品来激发员工积极性的方法。另一个例子是鼓励员工在充分发挥民主的基础上参与管理，听取他们的意见，接受他们的合理建议，接受他们的批评和监督。而"惩罚"相对于奖励，可以通过精神上的惩罚，如批评；物质上的惩罚，如减少奖金等形式来激发员工的态度和积极性。需要注意的是，在实施奖惩的过程中，奖惩既要有力，又要恰当，还要以人为本，取得突出的成效。

也提高其他支持系统，如工资系统，考勤系统，通信系统，等等，这些系统相互约束、相互联系、相互支持，整个系统规范和学校统一又在同一时间，每个系统或不规范：隔离，结合，不能参加，也可以不偏待人。

（二）实践创新，动态开放

一是结合高校管理实践，开发特色人力资源，创新人力资源开发。与其他不同性质的高校不同，民办高校的投资者不是国家，而是董事会，是经济利益实体。高校办学不是为了教育，而是具有一定的盈利性，所以民办高校在人力资源开发和管理的过程中，应该考虑其效益。图书馆组织设计要简化工作流程，提高工作效率，减少人力资本。同时，要科学合理地对人力资本进行预算和计算，科学有效地使用相关费用，实现社会效益与经济效益的有效统一。例如，招聘部分大学生以勤工俭学的形式参与图书馆的日常工作，是一种节约成本、提高效率、优化人力资源配置的创新尝试。要解决这些问题，实现民办高校图书馆人力资源的合理配置，必须进行特色创新。例如制度创新，民办高校有自己的特点，不能照搬别人的制度规范，民办高校人力资源开发应该更加及时和可操作性。另一个例子是文化创新。高校图书馆应培育自身的价值文化，突出服务功能，创新服务特色。图书馆应建立面向服务的工作模式，始终坚持以集体力量为读者提供服务的目标。员工应该能够在普通岗位上为读者提供快速、准确、规范的服务，真正热爱自己的岗位，努力工作，愿意为梯子工作，愿意贡献自己的力量。另一个例子是创造一个温暖和谐的氛围，创造一个人才成长的环境。民办高校要留住人才，必须努力营造创新型人才培养环境，尊重知识，尊重人才，尊重人才竞争。

其次，高校图书馆人力资源开发在实践中还有待完善。高校图书馆人力资源开发与管理的实践与完善，既是一个动态的过程，也是一个开放的过程。首先，世界上的一切都不是一成不变的，它是发展的运动，学校是发展变化的，学校的人力资源管理过程也应该发展变化，是一个动态的过程。这就要求高校图书馆人力资源的开发与管理必须与时俱进，改变与私立大学的发展，大学在不同时期和阶段，并开发与组织结构的不断发展，管理功能和私立学院和大学的总体目标。其次，大学图书馆的人力资源管理是明确重视人类的主观地位和作用，充分、合理的利用和开发实际和潜在资源的每个库人员，组织和分配，以充分利用人力资源，获得最佳的人力资源，使人员适当。这意味着我们必须借鉴其他科学或行业管理经验和方法，新思想，新方法的人力资源管理是图书馆管理实践，加强图书馆人力资源开发的合理规划、维护和使用，为图书馆带来新的发展机遇，这是一个学习和参考的过程，也是一个开放的过程。

（三）建立相应的管理体制，推进人事制度改革

事业单位改革事关全国4000多万事业单位职工的切身利益。因此，尽快改善和完善的人事管理政策和法规制度体系，实施分类管理的人员、专业技术人员、工勤人员、工资管理、人事招聘的基础上建立和发布管理的特点和发展规律充满生机与活力的机构管理体制和运行机制，解决现有制度和岗位设置中存在的矛盾。同时，建立和完善就业制度、考核制度、分配制度等政策法规体系，推进事业单位改革，增强事业单位人员积极性和创造性。

实行岗位责任制要对各种岗位设置合理。由于性质不同的工作在不同的部门，非常不同的劳动量，应该充分考虑劳动分工，如每个借贷领域不仅可以从集合的数量，而且考虑到循环率的书，书的数量；当天编目部门不仅要考虑编目的数量，而且考虑负载之间的差异使新记录和记录数据，他们提交的数据是否标准。尽量做到平等。

（四）科学合理地设置岗位，确保改革取得成效

岗位设置实际上与图书馆有限资源的优化配置密切相关，各级公共图书馆应根据各自的发展方向和重点科学工作设置岗位。

设立岗位，明确岗位职责。根据图书馆各部门的工作职能和需要，在当地人事部门批准的岗位数量内，科学合理地设置各级各类岗位是最关键也是最困难的一步。根据岗位的性质、复杂性和所需的技术内容，确定各类岗位的级别和数量，明确岗位职责和条件、要求，最后以书面文件的形式确定。这样无论在人才竞争、绩效考核还是薪酬调整方面都有参考价值。同时，提高了工作各方面的透明度，使工作人员能够充分了解自己的差距、缺点和今后努力的方向，为人力资源的进修培训提供必要的指导。

合理选择和部署人才。人才是图书馆可持续发展的前提之一。应该设定后根据图书馆的每个分支的工作职责和发展目标，完成老，绿色联盟尽可能可以执行等等发展"，帮助，以"业务工作，使专业技术人才能够脱颖而出，仍能保持工作的连续性。此外，根据职业发展的需要建立前瞻性的职位，可以帮助激发和吸引人才。例如，柳州馆在设置高级职位时，按比例保留专业技术四级岗位。虽然博物馆目前没有合格的工作人员，但可以为未来引进高端人才做好准备，鼓励博物馆员工不断进步。

同时，根据岗位要求，公平、公开、公平、平等竞争，择优录用，否则图书馆员会有不满。明确责任考试时间、考试内容和奖励和惩罚措施，等等，并将检验记录，读者反馈与年终评定职称评定挂钩，调整工资奖金，JiangQinFaLan，层次分明，刺激的责任感和上进心，在工作中实现自我价值，从而调动员工的工作积极性，主动性，建立爱的专业精神。

（五）制定相应配套政策，激发职工的积极性

1. 在岗位设置时，各部门岗位等级的设定是核心

第一个岗位设置可以采取以下措施来弥补"资历"造成的不良影响。一些管理难度大、挑战大的岗位，或者一些中层岗位设置为中层岗位，放宽服务年限，让更多合格的员工承担更重的责任。同时，可以在执行I资本配置方案时将这些作为中层员工的倾斜，使成千上万的人才、肩负重任的员工得到应有的待遇。柳州亭设员额时，10个部门的11名中层干部中，有5名中层干部，1名基层干部，占中层干部总数的54.5%。指定的办公室内，没有指定培训8据的时间和培训水平9的位置，但根据会议讨论的结果，以确定所有的中级职称划定办公室，培训办公室术语定义9年来，除了三个退休人员直接在三年内变化的外部培训，其余10名改岗培训符合30名新老工人参赛条件，10名工人被录用，4名青年工人，占改岗培训总人数的40%，充分调动了

青年工人工作的积极性。

2. 建立质量评价体系

图书馆的工作质量是有很大的伸缩性的，比如图书上架的及时性、错架率、编目的错误率、编目提交数据师范标准规范、破损图书师范及时修补、剔除、对待读者的态度、服务的积极性、主动性等，网站内容是否及时更新、不断充实，使用是否方便等。管理者应建立工作质量管理体系，核定各种工作标准，并以此为依据定期对员工的工作质量进行考核，将考核结果及时反馈，鼓励、表扬优秀，督促后进。一贯表现优秀的员工上光荣榜，增强其自豪感，工作成绩得到肯定和巩固，实现人生价值。

3. 完善激励机制，物质奖励和精神奖励相结合，建立多层次的激励机制

美国哈佛大学的威廉·m·肯尼迪？James教授通过研究发现，工作绩效=能力+动机，也就是说，一个人的工作绩效取决于他的能力和动机水平，即热情程度。人的能力是工作绩效的基本保证，但无论能力有多强，如果激励水平低，就能取得良好的工作绩效。如果没有动力，一个人的能力只能发挥20%到30%，有了动力，可以发挥80%到90%，甚至更高。由此可见，正确有效的激励可以更充分地调动人们的积极性、意识和创造力。

激励的目的是提高员工的积极性和创造性。激励机制的运用在一定程度上是决定图书馆兴衰的重要因素。无论什么样的图书馆都离不开人们的创造力和热情，因此，我们必须注意员工的积极性。在这方面，一些知名企业的做法值得借鉴。联想公司的出色表现销售员，销售人员的工资和奖金远远高于他们的老板，这样他们就可以保护现有的工作，而不是煞费苦心在领导职位发展，他们也认为只有少数可以反映价值不再，因为是一个常见的设计师以及销售员能体现自己的价值。IBM在美国的实践也是一个很好的例子。IBM有一个"100%俱乐部"。当一个员工完成了他的年度任务，他被批准为"100%俱乐部"的成员。因此，公司的员工将获得"100%俱乐部"会员资格作为首要目标，以获得这一荣誉。该措施有效利用了员工的荣誉需求，取得了良好的激励效果

第八章　阅读推广工作管理

第一节　阅读推广工作管理概述

　　管理是在一定的环境条件下，对组织所拥有的资源（人力、物力、财力等）进行规划、组织、领导、控制和协调，以有效地实现组织目标的过程。

　　阅读促进是图书馆服务的重要组成部分，阅读促进管理是图书馆管理的重要组成部分。大多数人可能会认为，企业管理难度比公共图书馆管理，这可能是因为企业管理的结果直接决定了企业的生存，但事实上，管理公共图书馆比企业管理并不容易，有时甚至更加困难，这是因为几乎所有的管理原则、方法和技术将企业的发展和持续发展的需要，企业管理的目标是简单、明确、直接的，但公共图书馆需要建立一套适应社会自身发展的制度。作为为人民提供公共文化服务的机构，其服务的购买者（政府）和消费者（人民）是分离的。虽然可以认为是一种政府购买，但并不完全符合市场规律。同时，公共图书馆管理需要遵循的共同原则以最低的成本获取管理（公共支出）来实现最高的经济效益（服务），同时符合公共图书馆服务理念的平等，自由，没有区别服务，实现社会信息公平，必须找到结合点或之间的平衡，因此只能把主意只讲利益，不只是思想不说话。

　　因此，阅读推广工作的管理必须遵循现代图书馆的概念，以提供平等和专业服务为起点，以提高服务效率为立足点，并达到最高效益的目标或阅读推广工作的最低成本的成本。

　　事实上，衡量阅读促进的益处并不像衡量公共图书馆服务的益处那么容易。企业效益的核算可以通过一系列成本和成本的集合，用一系列数字来表示。同时，企业的生产一般是周期性重复的。纵向比较产品成本可以通过前后不同批次的产品来实现，横向比较其他厂家同类产品来实现，通过确认市场供求关系来实现，从而逐步优化设计和工艺，降低成本，提高效益。在阅读推广活动尤其是大阅读推广活动，如果成功，成功的程度，资金的使用，很多都是一次性的，缺乏经验的过程控制，成本控制，和图书馆资金使用自主权是远远低于企业，因此一旦出现问题，很难，这就是为什么一些图书馆阅读推广活动策划了好，但最终虎头蛇尾，不可持续的。

因此，制定长期规划，长期目标的决心，工作（活动）提前计划和预算，全面优化资源，精细控制的过程中，审查后，不仅能保证阅读的好处和推广工作，还能确保其安全和顺利进行。这些都是阅读促进工作管理可以发挥的作用和管理的目的，也形成了阅读促进工作管理的特点。这些特点与公共图书馆管理的特点基本相同，主要包括以下几点。

一、理念与实践有机结合

阅读推广工作管理主要是一种实践活动，其过程自始至终都必须有管理理论指导，其管理行为符合管理基本原理，并通过管理实现降低成本、提高效益的目标。从本质上说，这一点与企业管理是一致的，可以说是管理的普遍规律。但阅读推广是公共图书馆的职能之一，同时需要符合自身固有的服务理念，需要把服务理念贯彻始终，保持正确的方向，否则，背离理念的管理，效率越高，离目标越远。

二、公平与效率有机结合

公共图书馆的使命之一是实现社会信息公平，这也是阅读推广工作管理的前提。图书馆希望能有足够的资源开展阅读推广，使阅读推广工作的受众最大化，但公共图书馆所拥有的资源相对于需求而言总是稀缺的，这就决定了阅读推广工作必须讲求效率，资源的稀缺性决定了缺乏效率就实现不了公平。同时，公平和效率永远是一个相对的概念，没有绝对的公平，也没有最高的效率。阅读推广工作的管理，就是在公平与效率之间寻找平衡点，因此，必须使公平与效率有机结合。

三、传统与现代有机结合

在数字化时代，阅读的载体、方式、技巧已经多元化，阅读的需求也呈现多样性，关于与阅读相关问题的讨论和观点众说纷纭，阅读推广当然需要适应这种变化。图书馆对读者阅读什么，在什么地方、什么时间、用什么载体和方法阅读，怎么阅读等，没有干预的权利，而应该从发现读者的需求出发，根据需求提供相应的阅读环境和阅读资源。所以在阅读推广上，图书馆需要全方位地精心策划和组织，既针对纸本阅读又兼顾数字阅读，既针对研究型阅读又针对碎片化阅读，既不干涉阅读自由又针对性地开展阅读指导。

四、宏观与微观有机结合

阅读推广工作的目的是让人民群众享有平等的阅读权利，并养成阅读习惯，从而建立书香社会，这其实是公共图书馆使命的组成部分。要实现阅读权利的平等，阅读条件、阅读资源、阅读服务的均等化就成为首要问题。因此，阅读推广工作的管理，宏观上涉及公共图书馆服务体系的建设，微观上可以针对一项阅读活动的开展。这些使得阅读推广工作的管理较为复杂，管理中涉及到的问题也会比较多。

第二节 阅读推广工作战略规划

战略规划又称战略管理，是根据组织使命和内外环境，制定、实施、修订和实施总体和长期发展目标的动态过程。它是一门制定、实施和评估能够确保组织实现其目标的多功能决策的艺术和科学。

阅读的主要目的是战略规划工作科学、系统、合理的方法是用来帮助公共图书馆在阅读推广方向，设置科学、先进、合理的长期发展目标，把握阅读推广工作的正确方向，保持发展的步伐，合理的、系统的阅读推广、专业、创意和地面，通过周期性的工作，逐渐成为图书馆服务品牌，是有利于公共图书馆通过阅读促进工作实践的图书馆服务理念，保证人们享有平等的基本阅读权利，帮助公众提高阅读兴趣和鉴赏水平，提高阅读技能，养成阅读习惯，促进全民阅读。因此，从公共图书馆管理的角度来看，制定战略规划是阅读推广的第一步，也是公共图书馆管理者的首要任务。

一、阅读推广工作战略规划的意义

（一）促使公共图书馆重视阅读推广的环境

通过分析和审视环境，可以发现环境的变化究竟给图书馆的阅读推广工作带来了机遇还是带来了威胁。读者的需求、政策的导向、行业的发展、馆员的素质、经费的来源，都可能对阅读推广工作的广度和深度产生影响。制订规划，就事先掌握了目标，既有利于控制过程，又营造了重视阅读推广的内部环境。

（二）有利于调动馆员的积极性

通过参与编制战略规划，发挥馆员的主人翁意识，激发馆员的紧迫感和挑战欲，如果战略规划中还涉及组织文化、薪酬分配、奖励机制等与馆员个人利益挂钩的措施，将更有利于馆员积极性的提高。

（三）有利于提高服务效益

通过编制和实施战略规划，图书馆一方面会越来越了解市民的需求，使活动更加贴近市民；另一方面通过分析环境，能扬长避短，整合资源，使阅读推广工作不断降低成本，提高效率。

二、阅读推广工作战略规划的编制

编制阅读推广工作战略规划，是一项非常专业的工作。所谓专业，既有战略规划编制本身的专业，又有图书馆自身的专业，具体来说有这样一些步骤。

（一）需求分析

与公共图书馆促进阅读的能力相比，用户的阅读需求是无限的。分析公共图书馆的用户需求，首先要看用户需求是否在公共图书馆使命范围内。其次，根据受众的需求、重要性、可持续性，明确满足需求的顺序；最后，找出现有资源与满足这些需求所需资源之间的差距，并寻求对策。

随着时代的进步，用户的需求也会发生变化。中华人民共和国成立之初，文盲人数众多。如今，虽然很少有人不会阅读，但随着数字技术的发展，许多老读者缺乏使用电脑的技能，成为"文盲"。苏州图书馆通过需求分析发现，大量的用户需求面宽，从2009年开始，和毅力，不仅在主库，也用几十个分馆在其他社区开展"帮助老互联网"培训活动，每年帮助成千上万的年长读者永远不能用电脑数字阅读，输入汉字，电子邮件，QQ交流，得到年长读者和社会的肯定，成为苏州图书馆阅读品牌的促销活动

（二）环境分析

环境分析的目的是确定外部环境和内部环境对图书馆阅读促进的影响，判断环境是否能够促进或构成威胁。

公共图书馆在社会中的存在、经济发展是否良好、社会文明程度如何、当地文化是否繁荣、历史积淀是否深厚等等，都影响着公共图书馆的阅读推广工作。同时，公共图书馆阅读推广工作的数量、质量和效率也影响着当地公民的科学文化素质，从而影响着当地经济和社会的发展。这种互动是一个动态的过程，促进公共图书馆阅读的发展存在机遇、挑战和威胁。因素的组合有时会产生不同的效果。因此，对于战略规划来说，环境分析是一个重要环节，分析的正确与否，决定着战略规划的质量，也决定着未来阅读推广工作的成败。在2015年，例如，两个交易日在"国家阅读"政府工作报告的内容之一，在新闻发布会上，总理李克强专门讨论"国家阅读"的重要性，这必然会指导地方政府高度重视全国阅读运动进一步的工作，公共图书馆阅读推广工作的外部环境将更加优化，在制定战略规划或维护的过程中，应规划一些能够形成社会影响或加强品牌推广的阅读活动，还应适当提出有关指标，并提出相应的解决办法和措施。

SWOT分析可以用于环境分析。具体参见《公共图书馆管理实践》第二章《公共图书馆战略规划的制定》。

（三）设定战略目标

制定战略目标应注重科学性、先进性、合理性和可操作性的有机结合。所谓科学性，指的是战略目标符合公共图书馆的使命和理念，符合用户的需求；所谓的先进性是指战略目标的完成花费一定的精力，所谓的理性意味着实现战略目标所需的资源保证战略目标的实现可持续发展。所谓可操作性，就是战略目标的实施要有相应的方法和措施。

出版于1990年，彼得·德鲁克非营利组织管理、摘要："非营利组织没有所谓的

"损益，他们倾向于认为一切都是正义、道德、和服务良好的理想，因此，即使没有预期的结果，应该也不愿意考虑在其他更合理的利用资源。非营利组织在经营中可能需要比企业做出更合理的选择，需要勇敢地面对重要的决定。这种认识和情况大量存在，也是我们在制定战略目标时需要注意的问题。促进公共图书馆的阅读不仅仅是政府的责任。应开展一切可能的活动，政府应为这些活动提供一切条件。事实上，公共财政可能难以满足这些需求。图书馆的资源也极其有限，无法支持这些目标和任务。即使选择了战略目标，资源仍然是对目标和任务的严重限制。

因此，战略目标的制定应注意四个方面。首先，战略目标的设定要符合公共图书馆的使命。公共图书馆应在公共图书馆的使命范围内开展什么样的活动，否则公共图书馆的阅读推广工作的资源就会分散。其次，战略目标的设定要符合这一理念，使阅读推广工作成为公共图书馆服务的有机组成部分，受众要广泛，使广大读者能够平等地享受阅读推广工作的成果。第三，战略目标的设定应符合公共图书馆的总体战略，有利于公共图书馆的发展和使命。第四，制定战略目标要考虑公共图书馆自身资源的实际情况。实现战略目标通常需要数千年的时间，所以这些资源应该足够支持战略目标的实现，而不是半途而废。

第12个五年计划的主要指标苏州图书馆由苏州图书馆制定2010年下半年的2005年数据显示，是真正的成就，2010年预测的数据，这些数据在2015年计划指标，和2014年的数据是实际的成就。这些战略规划指标，并不是一个简单的数学计算，但分析十六大，第十七次全国代表大会后，党和政府公共文化服务的"整体"提出了"人人平等"的政策，公共图书馆法立法过程中，公共图书馆建设用地指标"标准的公共图书馆建设"已经发布，全国公共图书馆行业面临的发展机遇，未来五年在苏州市人口、经济发展、财政实力、文化繁荣等方面，结合苏州市图书馆近年来的贡献和作用，苏州市市委、市政府可以重视苏州市图书馆，从综合发展方面提供支持等因素。

是否可以完成这些指标取决于服务理念，硬件条件，专业能力和管理水平的苏州图书馆一方面（从表中可以清楚地看到，大多数已经完成的指标是通过自己的努力完成），但某些指标的完成并不完全取决于苏州图书馆。例如，2015年苏州常住人口为400万时，根据满足"公共图书馆建设标准"的博物馆面积来预测博物馆总面积。苏州图书馆可以通过发挥自身作用等一系列手段为之奋斗，但新建图书馆的决策权掌握在市政府手中。从实现计划的结果，据预测，到2015年底，苏州图书馆的图书馆总面积不能达到39000平方米，但苏州市级政府已批准建设42000平方米的文档收集和分发中心苏州图书馆，和施工的准备工作将在2015年基本完成。

（四）战略规划实施方案的专业设计

实施措施建议是指制定战略规划的具体实施方案。虽然战略目标是在需求分析和环境分析的基础上提出的，但实现这些目标是一个长期而艰巨的过程，需要战略、方法和措施。特别是一些非常规发展目标，没有特殊的方法和创新措施是不可能实现的。

战略规划的最后阶段是具体实施计划的规划和制定。该方案针对的是每个战略目标，即每个战略目标都需要有一个具体的方案。计划的制定可以涉及到具体的实施人员，共同创新思路和脑力，从而促进未来的实施。

在制定实施方案时，最关键的工作是专业设计。阅读推广是一项非常专业的工作，尤其是公共图书馆开展的阅读推广活动。它必须遵循公共图书馆的理念，体现公共图书馆的专业性，否则就不能成为公共图书馆的阅读推广工作。

从表面上看，任何机构或单位都可以开展阅读推广工作，但从专业化的角度来看，公共图书馆的阅读推广工作从设计上体现了专业性。这种专业性也许在行业之外是感觉不到的，但就像一台高度专业化的机器，它的零部件、螺丝等部件都是不专业的，关键是采用什么专业的设计和安装。好的奶酪教授讨论了公共图书馆的专业服务当这样说："公共图书馆业务依赖专业知识的过程主要发生在其产品和服务的设计、复杂的服务（如引用）的实现过程和图书馆活动的整个管理过程，这种业务可以称为"公共图书馆的知识业务。与其他专业机构不同，公共图书馆的"设计"过程在很大程度上是在幕后进行的。

三、战略规划的动态维护

战略规划未来的设计，和各种因素的外部环境和内部环境总是在变化，战略规划的实现以及实现的程度影响内部和外部环境，所以战略规划通常需要维护每年适应未来的不确定性。

所谓维护，其实就是对需求、外部环境、内部环境、实施结果进行调查、分析和评价，并在此基础上对战略规划进行修订，同时对年度计划和实施计划进行调整。这一调整使公共图书馆的战略规划适应了环境的变化，引导了公共图书馆阅读的有序健康推进。例如苏州图书馆总馆建设，规划指标是到2015年完成城区统一总馆建设，总馆数量为100家。在2011年底，苏州市政府颁布的意见实施的建设一般分公司苏州公共图书馆，图书馆系统规定，地方政府应建设的主体一般分支的图书馆，和那些缺乏专业能力可以委托苏州图书馆。最后，五个校区愿意委托苏州图书馆，两个校区愿意自行建设总支馆。因此，苏州总馆分馆的服务人口比原规划少两个区，70个分馆可以覆盖5个区。2012年规划指标调整为70家，2014年完成67家分支机构，规划指标基本完成。

第三节　阅读推广工作资源准备

阅读推广工作往往以活动形式展现，但所有阅读推广活动的开展都需要相应的资源支撑，所以，阅读推广工作在完成规划和方案后的第一项工作就是资源准备。

一、场馆

阅读推广不同于广场文化。大多数活动都是在室内进行的，不仅要有相应的专业特点，还需要根据主题营造环境。因此，在图书馆场馆建设中，有必要设计和建造适合开展阅读推广活动的场所，如报告厅、展览厅、亲子阅读专用活动室等。

场地条件的准备还包括阅读环境的营造。由于阅读环境一般依附于建筑和空间，我们将阅读环境融入到场地条件中。假如深圳图书馆"南书房"，是一个用来开展古典阅读、鉴赏、交流的地方，虽然没有布置中国古典学习的形式，但利用了中国书房的元素和线条装书陈列，营造出古典阅读的氛围。苏州图书馆"悦读花园"是专门为"阅读宝贝计划"和设计和装饰，使用玩具明式家具，多变的色彩、卡通设计、童话等婴幼儿阅读活动创建一个可爱的，快乐阅读的场景，让孩子因为这样的环境，增加参与图书馆阅读活动的意愿。

公共图书馆服务已进入普遍平等的时代。阅读促进作为公共图书馆服务的内容之一，也必须自始至终贯彻普遍平等的理念。如上所述，大部分的阅读推广活动都需要依托公共图书馆的场地，所以作为阅读推广工作条件的场地，也需要科学的按照均等化的要求进行安排。一方面，公共图书馆场馆建设必须网络化、系统化、全面覆盖。另一方面，阅读推广工作必须深入到社区和分馆，方便读者参与阅读推广活动。

二、文献

阅读推广活动最大的特点就是注重阅读，这与文学是分不开的。阅读促进的目的是促进阅读，而在活动过程中，往往需要相应的文献进行配合，如"一座城市，一本书"、阅读欣赏、亲子阅读等活动。

在数字时代，阅读推广也需要数字文学的准备。例如在"one book in one city"活动中，如果每个人都有一本纸质书，需要的份数是相当大的，但是如果结合电子图书借阅，人们可以使用电脑、平板电脑、手机等载体来阅读更加方便。

文学的组织通常涉及到资金。在资金不足的情况下，为满足读者的阅读需求提供文学作品并非完全不可能，尽管存在着"巧妇"的质疑。佛山市禅城区图书馆是第一家与书商合作开设新书的图书馆。他们打开一本新书JieYueChu JieYueChu书商提供的所有书籍，读者借一些新书，禅城图书馆工作人员做一个简单的描述书借款手续，毕竟从图书馆借来的书城市禅宗书商购买，不借的书书店回来在一本新书。这样一来，程城区图书馆不仅在成本低的前提下拥有大量新书，而且所购买的图书都是读者借阅的图书，有效地提高了购书资金的使用效率。

三、人才

在阅读推广工作中，最重要的资源是专业人才。许多图书馆的阅读推广活动都有自己的特点，因为有相应的特殊人才。如上海图书馆、佛山图书馆的讲座、苏州图书馆的推荐书目、亲子阅读、中山图书馆的儿童阅读活动等，均由相应专业人员完成。在阅读推广工作的策划和方案制定中，我们应该考虑这样的策划是否有相应的专业人才来支持。在资源准备过程中，根据项目和活动的期望来寻找和确定专业人才是非常重要的，这将决定阅读推广的成败。

与场馆建设一样，专业的阅读推广人员也需要进入社区和分馆。实现这一目标最简单的方法就是让社区分馆馆员具备阅读推广的专业素质，既能承担图书馆的服务工作，又能按照图书馆一般的阅读推广工作计划承担阅读推广的任务。但仅限于现有的制度，这是最难以实现的目标。只有少数地区的总行是一个结构紧凑的机构，总行员工由总行派遣，总行完全在同一个管理单位。如果分支图书馆不是真正的机构的一般图书馆和图书馆员分支图书馆发送的不是一般的图书馆，分支图书馆和社区将缺乏专业图书馆员，从而限制阅读推广的专业化程度和大大降低阅读推广的专业化和均衡。解决这一问题的措施是对总分馆实行密切管理，而不是单纯的借阅和归还文献资源。

四、资金

虽然政府有责任为公众提供普遍平等的公共图书馆服务，但大多数公共图书馆缺乏阅读促进专项资金，这已经成为许多公共图书馆开展阅读促进工作的制约因素，甚至是最重要的因素。就金钱而言，这两种倾向都不正确。首先，因为这是政府的责任，没有钱什么也做不了。其次，因为这是政府的责任，应该花多少钱，不管节省成本。

根据阅读推广的工作目标和活动计划，编制良好的阅读推广预算并组织相应的经费，已成为公共图书馆阅读推广的一项重要任务，也是公共图书馆管理者的一项重要工作。

（一）编制预算

预算在不同情况下有不同的概念：最重要的是，预算是一种法律，在我国法律体系已经"中华人民共和国"的预算"法实现预算的法律中华人民共和国"，各级人民政府的财务预算和财务决算，必须遵守上述法律。其次，预算是一种工具。预算最初是作为一种管理工具发明的。第三，预算是一种方法。编制预算和决算有专门的方法，如"零基预算算法"。最后，预算就是资金，对于预算单位来说，收到预算就是收到资金，分配预算就是支付资金。

公共图书馆阅读推广预算，它是按照一定的方法（新项目通常采用零基预算法，旧的项目为基础的方法可以使用），根据需要完成年度阅读推广任务和计划，结合因素，评估需要的资源，并通过调查，分析，收集方法，成本计算的钱花在阅读推广活动需要，和人民公共图书馆的预算报告，或用作内部资金控制活动。因此，阅读促进工作预算的编制不应是"概算"，而应尽可能准确，只有这样，才有利于财务分配、企业筹资、寻找合作伙伴、进行过程控制。因此，有几件事需要特别注意。

一是评估阅读推广的质量和参与的读者数量。如果公共图书馆在一项阅读推广活动中的效率保持不变，那么该活动的质量和参与的读者数量与所要花费的金钱呈正相关。

其次，评估促进阅读所需要的硬件和设备。阅读推广计划可能只有原则性的意见，但预算需要准确的数据，如活动需要做背景，通常只是"有"背景，但预算需要多少平方米是什么材料，背景，内容和方法的准确和具体的预测，可以计算出你所需要的钱。

第三，了解阅读和促进新技术应用的发展趋势。在数字时代，许多阅读推广活动将利用数字技术。此外，在阅读推广中还应引入新的阅读载体和阅读方法，让读者体验新技术下的阅读，赋予读者选择阅读的权利。大多数人可能认为采用新技术会降低成本，但事实上，恰恰相反，采用新技术主要是为了提高效率，但装配会增加。因此，在编制预算时，不仅要体现新技术应用后效率的提高，还要注意预算总额的增加。

（二）预算的执行

阅读促进工作预算是公共图书馆预算年度阅读促进工作预算的预测和计划。阅读推广预算是由个人阅读推广预算汇总而成，对于每一项预算，配合每一项阅读推广计划，如果预算准确，多少支出才能反映业务任务的完成情况，预算执行进度就能反映工作计划的进度。因此，预算管理不仅要通过预算编制和预算执行来节约资金，还要通过资金管理来控制工作计划的阅读和推进进度。

一般来说，预算资金的使用反映了阅读推广工作的完成。因此，阅读促进工作计划的完成情况可以通过工作计划完成程度和预算资金支付进度两个方面进行控制和比较。这样，一旦两者之间出现了脱节，就可以及时发现问题，进行分析和处理。工作进度不合理的，或者预算不足，或者预算超支，必须及时纠正，或者必须筹措资金弥补。如果工作进度快于预算支付进度，要么是预算膨胀，要么是工作项目缺失，必须调整资本投入，要么是弥补缺失项目。

（三）寻找资金

在阅读推广工作中，公共图书馆馆长的重要任务是寻找资金以保障阅读推广工作计划的完成。

阅读推广工作的资金无非有这样几个来源。

1. 正常预算

将阅读推广工作的经费纳入公共图书馆正常预算，由财政拨款。一般而言，财政预算资金不可能保障公共图书馆阅读推广的全部工作所需。

2. 上级拨款

上级拨款从本质上说也是财政拨款，仅仅是没有进入公共图书馆正常的预算，而是由其他上级机构委托（或者下达）公共图书馆开展阅读推广活动的专项经费。如中共苏州市委组织部委托苏州图书馆承办"先锋讲坛"，由市委组织部直接拨付一笔专款，对市委组织部来说是一种业务外包，对苏州图书馆来说是上级拨款。在接受委托时，苏州图书馆必须向市委组织部递交一个预算，预算的准确性决定了这个委托项目的持续性：预算做大了可能导致市委组织部不愿意委托，预算做小了会使苏州图书馆完不成委托任务。

3. 项目收入

项目收入是指阅读推广工作产生的收益再用于阅读推广工作中去。如共享工程的上传资源收益。项目收入还有一块就是非基本服务收入。对公共图书馆而言，如何界定基本服务和非基本服务是一个重大的问题，如阅读推广中的读者培训，什么培训属于基本服务需要免费，什么培训属于非基本服务可以收费，需要准确把握。关于这个问题，请见延伸阅读《公共图书馆的非基本服务》。

4. 企业赞助

这个是企业为履行企业社会责任、支持公益事业的发展而提供的资金。如苏州苏明装饰股份有限公司每年赞助苏州图书馆10万元，用于"悦读宝贝计划"的实施。企业赞助一般需要公共图书馆提供一定的回报，如活动冠名，在活动宣传品上印制企业名称或商标。因此，公共图书馆有时需要对阅读推广活动进行细分，多制造出一些冠名权。

5. 合作收入

合作收入的形式多种多样，包括接受合作单位的资助，承担合作单位开展阅读推广活动的部分费用，或者免除部分公共图书馆原本需要支付的费用。例如，苏州大讲堂的"名堂"与姑苏晚报合作。作为本次活动的主办方之一，姑苏晚报并没有出资，而是免除了苏州图书馆为本次讲座预先安排版面的费用，并在讲座结束后整版发表了对本次讲座的深度采访和报道。苏州图书馆在节约广告支出的同时，扩大了"名家讲堂"的影响力。

有时，为了执行一项符合使命的服务或活动，弥补目前的不足，公共图书馆有时难以为这项服务或活动划入正常预算。当需要证明业绩时，寻找资金就成为关键。正如前面已经简单介绍苏州图书馆"悦读宝贝计划"，旨在婴幼儿阅读的图书馆服务的空白，以便实现全面覆盖年龄促进阅读策略，目的是让苏州出生的人从开始阅读，成为图书馆读者，培养婴幼儿的阅读习惯，并开展家庭阅读。为了实现经常预算，必须向政府证明这项活动的有效性，而且需要进行证明。为此，苏州图书馆积极筹集资金。经过努力，市文明办同意拨款10万元进行水质检测。2011年，公司为1000名婴幼儿赠送"悦动礼品包"，并设立"悦动花园"，专门用于"悦动宝贝"活动。社会反响非常好。2012年，不仅市文明办同意继续拨款10万元，苏铭装饰公司也为此每年出资10万元，活动影响力不断扩大。到2013年，市政府已经同意从2014年开始为悦瑞宝贝制定预算。目前，城市地区新生儿"悦电礼盒"覆盖率已达40%，2017年计划让每个新生儿免费享受"悦电礼盒"及服务。

第四节　阅读推广工作过程管理

一、阅读推广活动的部门

阅读促进公共图书馆服务的内容之一，是一个常规的工作，涉及到新图书馆建筑、资源、服务等等，如果一个特殊的阅读推广部门、人员规划、组织、宣传、总结最好的，但它需要公共图书馆有相对丰富的人员，和当时的人员分配原始，尚未阅读推广这个周一，所以大多数的图书馆。此外，当前的阅读推广已经渗透到公共图书馆工作的各个方面，因此在公共图书馆的管理中，各部门承担相应的阅读推广工作是一种普遍的做法。

为了确保读专业，在苏州图书馆的工作由指导纪念馆阅读推广、展览部门负责讲座、展览、培训、通用——贷款部分负责成人读者，读者ShaoErBu负责孩子们的活动，科技情报负责读者活动和科学普及活动，古籍部负责本地文化阅读推广，技术部负责利用计算机技术进行阅读推广，各分局工作分局负责阅读推广。各部门在制定工作计划时，应首先提出工作计划和预算，供部门下一年度的阅读和推广使用。策展人办公室审核计划和预算，经过多轮评审，确定下一年的阅读推广工作计划和预算。

其实还有一种方法，那就是在公共图书馆建立一个阅读推广工作的学习团队，让每个人都能在工作中学习和工作。限于篇幅，这里不详细介绍学习团队建设。

二、专业人才管理

人力资源管理是一门专门的学科。人力资源管理的原则和方法在这里最适用。这里的空间只能通过阅读来提升专业人才管理的特色。

与其他工作一样，阅读推广的成败取决于人，也就是合格的阅读推广专业人员。阅读推广活动涉及范围广泛，包括讲座、展览、推荐书目、阅读欣赏和读者培训。无论是从年龄划分，还是从职业划分，都有很多层次的受众，尤其是针对特殊群体的阅读推广工作，比较专业，需要特殊的专业人才。此外，如上所述，阅读促进工作涉及到公共图书馆的概念，活动专业应该与公共图书馆专业相结合。也就是说，所有的阅读推广工作的策划、策划和组织都应该体现公共图书馆及其活动的专业性。

由于跨学科人才匮乏，公共图书馆要做好阅读推广工作，一般需要将各类专业人才有机结合，形成一支专业化的队伍。因此，公共图书馆一方面要培养自己的专业人才；另一方面，在招聘图书馆员时应注重阅读和人才推广；另一方面，他们也应该注重与社会的合作，充分利用社会上的专业人才。例如，在亲子阅读一系列苏州图书馆，"故事讲述故事"姐姐，"快乐大本营"，"色彩斑斓的夏天"，"彩色的冬天"，"家长沙龙"等活动都参与的儿童作家苏州，苏州高等师范学校的教师和学生为儿童，教师的新江苏师范学校附属小学和其他志愿者。聋哑人阅读活动与聋哑人学校的师生密切合作。这些专业人才帮助苏州图书馆克服了这一领域专业人才的不足，使苏州图书馆儿童阅读活动在数量和质量上都达到了更高的水平。

三、阅读推广工作的成本管理

根据预算会计体系，公共图书馆成本会计，和绝大多数公共图书馆缺乏成本管理的概念，不是自私的，总是认为公共图书馆所做的一切都是为了提高人们的质量，促进社会进步和实现公平信息和支出，当然，应该由公共财政承担无条件，从未想过实现的目标这些需要多少钱，地方政府也有相应的资金。事实上，成本管理是决策、项目管理和绩效管理的重要工具。没有成本管理，资源的有效配置和利用效率往往被忽视，公共图书馆甚至无法判断其效益水平和为社会提供的价值。

阅读推广工作的成本管理，至少有以下几点意义。

一是有利于实现工作目标。成本会计将细化工作目标，及时发现目标完成过程中存在的问题，并在管理中找到解决这些问题的办法，从而促进工作目标的完成。

第二，有利于控制预算支出。成本核算可以严格控制预算支出，防止预算赤字支出、年度工作目标不能完成等突发原因（如任务增加、物价上涨等）超出预算而失控。

第三，有利于获得更多资金。成本核算和会计结果可以从一个角度解释图书馆科学合理的年度预算，为可能追加经费提供依据。

第四，有助于确定收费标准。成本核算可以计算公共图书馆非基本服务收入的盈亏平衡点，方便申请收费许可，避免项目损失。

第五，有利于突出服务效率。成本核算可以计算阅读推广工作的效益，方便宣传工作的开展。

第六，有利于项目决策。当资源有限，需要选择或拒绝阅读推广项目时，在进行非基础服务项目决策时，成本核算可以帮助项目决策。

成本核算有专门的方法，包括完全成本法、可变成本法和成本-量-利分析法。在进行阅读推广成本管理时，可能需要几种方法。但由于篇幅的关系，我就不详细讲了。

四、阅读推广活动的宣传管理

（一）阅读推广活动的延伸产品

根据预算会计制度，成本核算的公共图书馆，和绝大多数公共图书馆是缺乏成本管理概念，不是自私的，总是认为公共图书馆所做的一切都是为了提高人们的质量，促进社会进步和实现公平信息和支出，当然，应该由公共财政承担无条件的，从来没想过你有多需要实现这些，地方政府也有相应的资金。事实上，成本管理是决策、项目管理和绩效管理的重要工具。没有成本管理，资源的有效配置和利用效率往往被忽视，公共图书馆甚至不能判断其效益水平和为社会提供的价值。

阅读推广工作的成本管理，至少有以下几点意义。

一是有利于工作目标的实现。成本会计将细化工作目标，及时发现目标完成过程中存在的问题，并在管理中找到解决这些问题的办法，从而促进工作目标的完成。

第二，有利于控制预算支出。成本核算可以严格控制预算支出，防止预算赤字支出、年度工作目标无法完成等突发原因（如任务增加、价格上涨等）超出预算而失控。

第三，它有助于获得更多的钱。成本核算和会计结果可以从一个角度解释图书馆科学合理的年度预算，并为可能追加经费提供依据。

第四，有助于确定充电标准。成本核算可以计算公共图书馆非基本服务收入的盈亏平衡点，方便申请收费许可，避免项目损失。

第五，有利于突出服务效率。成本核算可以计算阅读推广工作的效益，促进宣传工作的发展。

第六，有利于项目决策。在资源有限，推广项目需要选择或拒绝阅读的情况下，成本核算可以在进行非基础服务项目决策时帮助项目决策。

成本核算有专门的方法，包括完全成本法、可转换成本法和成本-量-利分析。阅读和促进成本管理可能有几种方法。但由于篇幅的关系，我就不细讲了。

（二）宣传与活动相结合

公共图书馆的阅读推广工作既要突出阅读推广的共性，促进全民阅读，又要保持公共图书馆的个性，培养更多的读者，夯实图书馆的基础。因此，对于公共图书馆来说，阅读促进活动本身就是图书馆的宣传活动。但同时，要做好阅读推广工作，扩大阅读推广的影响，还需要宣传。我们不仅要依靠社交媒体，还要通过自己的宣传，借助网站、微博、微信、海报等宣传手段。这种宣传活动不仅是预测，该报告，活动宣传，也是公共图书馆本身形象宣传，有时活动和宣传本身是一个有机的整体，如读者的手册，这本新书通报，阅读欣赏材料，读取内部杂志等等。

需要注意的是，在阅读推广工作中，要注意活动与宣传的统一，将宣传融入人的活动中，把活动当作宣传。2015年，苏州阅读节海报主题活动10项，重点活动51项，系列活动1041项。

第五节　阅读推广活动的安全管理

举办阅读推广活动，希望越来越多的参与者会变得越来越好，同时也担心安全事故的发生。的确，安全是一切工作的前提。在策划、组织和实施促销活动的全过程中，不能忽视安全管理。必须有专门的安全管理机构、安全管理制度、事故预防措施和应急预案，以应对突发事件。

和正常的安全管理公共图书馆，阅读推广活动，参与的读者，在活动的过程中，更无法控制的因素，尤其是大型阅读推广活动，参与者都是暂时的，位置的活动环境，安全措施，如逃生路线不熟，麻烦，可能会恐慌。所以，公安部门要求500人以上的大型活动事先申请批准，派员维护公共秩序，公共图书馆在举办大型活动时，必须遵守执行。

随着图书馆阅读推广活动的发展，小型阅读活动越来越多。虽然对于某项活动来说，参加的人数很少，但实际上活动较多，尤其是儿童阅读推广活动。参加者年龄小，需要监护人陪同。在频繁的进出中，容易出现混乱。

在阅读推广活动中禁烟不仅是文明的要求，也是安全的要求。乱扔烟头是极其危险的，即使没有火灾，只要活动现场有不明烟雾，甚至只有烟味，都可能引起骚乱，进而发生挤压伤、踩踏等恶性事故。

在安全管理方面，既不能因为怕噎而放弃饮食，也不能为了安全而举行或减少阅读推广活动，更不能盲目乐观，心理侥幸，忽视安全管理。因此，公共图书馆在开展大型阅读活动前应制定安全管理计划。通过该方案，落实活动的安全管理职责，明确安全管理的工作内容，堵塞安全漏洞，防止安全死胡同。再制定应急预案，可以及时预防和控制突发事件造成的安全事故。

第九章 公共图书馆资源建设与服务的作用

第一节 对于新农村建设的影响

一、公共图书馆与新农村建设的关系

党的十六届五中全会把建设社会主义新农村作为中国现代化建设的一项重要历史任务。公共图书馆作为农村文化建设的重要组成部分，必须围绕社会主义新农村建设的主题，不断研究新问题、新情况，最大限度地发挥图书馆服务新农村建设、促进农村经济发展的作用。在过去，公共图书馆为农业信息服务做了大量的工作，但提供的信息大多是农业技术信息。在建设社会主义新农村的今天，农村信息需求发生了巨大的变化，其内容涉及政治、经济、文化等领域以及生产生活的各个方面。这就要求公共图书馆为新农村建设提供形式多样、内容丰富、覆盖面广的服务，以适应现代农村发展的需要。为此，公共图书馆必须加强资源建设和服务，只有这样，公共图书馆才能更好地为新农村建设服务。

公共图书馆作为社会主义先进文化的中心、存储中心、服务中心和交流中心，是农村文化建设的重要组成部分，新农村建设需要新思想，新时尚，要求承运人传播先进文化，建设社会主义新农村需要人文精神，培养创业精神的先进文化氛围。公共图书馆社会教育和文化传播的功能函数在新农村的建设，可以提供农村文献信息资源，阅读活动和组织的方式，如培训的传播文明，设置新时尚，培育新农民、提高农民综合素质，发挥自己的作用，通过培训和学习，使农村人口质量的提高，从而促进经济的发展，推进农村精神文明建设。另一方面，农村政治文明和物质文明的发展为公共图书馆服务的发展提供了广阔的新视野，从而推动了公共图书馆事业的发展。因此，社会主义新农村建设与公共图书馆的发展是相互依存、相互促进的。

为了建设社会主义新农村，农民是主体，农民的质量决定了农村经济和社会发展的速度和质量，这就需要组织社会各方面的力量，在广大农村大力发展各种公益事业，特别是加强农村文化事业，满足广大人民的需求，促进农村精神文明和和谐社会建设，为新农村建设提供精神动力和智力支持。

《公共图书馆宣言》还指出："人们建设性地参与社会和民主发展取决于他们接受良好教育的程度，以及自由和开放地获取知识、思想、文化和信息的机会。"人类所知道和创造的所有知识都可以在图书馆里找到。数量、种类和保存时间是任何社会制度所无法比拟和替代的。在现代化的进程中，图书馆不仅可以为读者提供丰富的图书、报纸、杂志、音像等文学资料，而且还可以通过对文献资料的整理为用户提供两到三倍的文献资料。还可以利用网络技术开发网上信息服务。这样既能解决社会生产生活中遇到的问题，又能满足大众文化教育在多领域、多层次的需要。

图书馆社会教育的这一系列的工作是社会成员，可以完全不受时间和空间的限制，可以是科学技术知识的教育，也可以进行思想教育、素质教育，通识教育，等等，和检索数据，人们在互联网上任何学校的培养效果是不可替代的，为获取信息提供了极大的便利。它摆脱了地理环境的限制，人们不再需要亲自去图书馆，只要他们可以通过电脑在工作或在家获得知识和信息。培养新农民仅仅依靠自己的力量是不够的。动员和组织社会各界力量，为培育新农民提供支持和服务，既是新农村建设的要求，也是全社会的责任。

因此，加强新农村文化建设，开发智力资源，开展教育，培养大批新农民，是各级公共图书馆的责任和义务，也是它们应尽的责任和义务。构建社会主义和谐社会，建设社会主义新农村，对我国社会的全面发展和进步具有重要作用。这不仅是一项艰巨而复杂的系统工程，而且涉及中国社会经济、政治、文化等各个领域和各个方面。这需要全面均衡发展。公共图书馆作为公共服务机构，具有公益性和继续教育功能，对改善农民文化生态具有重要作用。公共图书馆以其技术信息和知识资源可以存储、输出和知识通过知识援助，帮助农民提高知识技能，指导他们的行为取向，获得发展的能力，使它们有机地集成在建设社会主义新农村新农村建设作出贡献，以真正的城市和农村地区之间建立共同发展的社会主义和谐社会。

第二节　对于城市建设的影响

在人类社会发展的历史变迁中，城市是人类认识和改造自然最深刻、最显著的场所。公共图书馆是人类社会城市化进程中孕育出来的现代公共活动模式之一，是城市文化最具代表性的象征。公共图书馆的资源建设和服务对城市文化建设具有重要的推动作用。2005年底，美国中部康涅狄格州公布了年度"美国最具文化气息城市"排行榜。专家选择的六个文化指标之一是"馆藏"。这一系列指标反映了美国复杂的文化动态。米勒是中央康涅狄格州立大学的校长，他领导了这个团队。从这些数据中，人们可以更好地认识到一个国家或地区的文化素养对于一个国家或地区的长期经济发展、公众参与和人民生活质量起着决定性的作用。作为社会文化的一部分，教育事业和一个公共图书馆的城市重要的文化机构，承载城市文化遗产的脉搏，为各种各样的信息资源，是城市经济发展的力量，是公众精神的栖息地，灵魂安静的家里，终身教育的首选，在城市文化的发展是非常重要的。

一、公共图书馆是城市文化的象征和标志

公共图书馆不仅是一个城市文化的象征，也是城市公共文化空间的一个重要组成部分，等于享受公共图书馆公益性的信息服务，为公众提供了一个更广泛、平等、公开信息接收和传播渠道，让任何公共图书馆阅读读者可以不受身份限制，职业平等的获取信息和知识。

联合国教科文组织1994年发表的《公共图书馆宣言》规定，"公共图书馆应向所有人提供平等服务，不分年龄、种族、性别、宗教信仰、国籍、语言或社会地位"。有三个纽约公共图书馆系统，其下属分支的展馆有超过200，是世界上最大的图书馆之一的分支系统，分别根据不同特点的社区服务，在互联网上，几乎所有的国家馆，服务内容多样化，方便快捷，利用率非常高，甚至幼儿的父母带孩子去图书馆文化氛围。

公共图书馆的存在不应该仅仅是装饰城市立面的地标性建筑。无论公共图书馆有多少，如果不能被公众广泛使用，公众就不会觉得公共图书馆是他们充电信息需求和休闲时间的最佳场所，公共图书馆的存在价值也不能得到充分发挥。因此，更重要的是让公共图书馆成为生活不可或缺的一部分，让公众觉得如果一段时间不去图书馆将极度空虚的生活和精神，使图书馆的习惯和生活方式的普通平民，使公共图书馆的数量和利用率衡量一个城市或地区的文化和文明程度的重要指标。

二、公共图书馆精神是城市文化和谐发展的催化剂

大英博物馆第六任馆长安东尼·帕尼茨（Anthony parnitz）于1856年在英国议会的一个特别委员会上说："我想让贫困学生拥有与我国最富有的人一样的手段，满足他们对图书馆藏书范围内知识的渴求。"公共图书馆从诞生的第一天起就代表着保证社会最低限度信息公平的制度。这种精神作为公共图书馆精神的本质和核心，自诞生以来一直延续至今。2000年3月，英国图书馆信息委员会（LIC）在其报告《图书馆：社会一体化的基础》中向社会阐述了图书馆在促进社会一体化方面的独特作用。《公共图书馆宣言》还提到，公共图书馆是促使人们寻求和平与精神幸福的主要机构。不难看出，这些都体现了当代公共图书馆促进社会和谐发展的精神内涵，而社会和谐发展是城市文化蓬勃发展的前提和基础。我国的公共图书馆是由封建图书馆演变而来

的，刚刚走过百年的历史，是我国20世纪公共事业的一项伟大成就。我国公共图书馆发展的命运始终与我国城市化进程的命运同步。从公共图书馆的发展可以判断整个社会的发展趋势。如今，在前进的道路上，在文化体制改革的背景下，我国公共图书馆逐渐成为促进社会和谐发展、保障公共信息公平的重要力量。

社会信息公平、保障体系和促进社会融合，公共图书馆精神，作为城市精神文化的重要组成部分，作为一种深化意识形态的概念，是对公众需求，理想、信念和价值标准的总结和提炼，它可以令人兴奋，提倡正义概念，启蒙思想，这样一个强大的精神凝聚力不仅是公共图书馆的生存和发展生生不息的动力，同时也深化了城市文化内涵，推动城市文化和谐发展的重要催化剂。北京大学教授吴魏志说："今天，我们可以比较各种类型的组织的社会，很难找到一个可以像大众的公共图书馆，完整的系统，基本的自由球员，不受年龄影响，种族、性别、宗教、国籍、社会地位的限制，原则上，享受免费服务。在构建和谐社会的过程中，公共图书馆必然会缓解社会矛盾，缩小社会差距。积极开展文化生活，提高教育水平；缩小数字鸿沟，促进和谐发展。

第三节　对于文化建设发展的作用

一、有利于开展社会主义精神文明建设

公共图书馆是电影、光碟等电子音像资料及纸质图书的储存和集散地。在一般乡镇或者城市，图书馆可以放映电影、光碟等电子音像资料，以生动的事例来感动群众，使他们在娱乐中接受思想道德教育、社会形势政策宣传教育；大力弘扬以爱国主义为核心的民族精神和以改革创新为核心的时代精神。公共图书馆也可通过法制教育片或法制宣传小册子，加强法制教育，加强普法宣传，增强人们的法制观念，使群众知法、懂法、守法，增强农民依法维护权益的能力和履行义务的自觉性。

二、有利于现代知识信息的传播

公共图书馆是独立于学校之外的文化教育机构，担负着提高全民族素质的重要使命，知识经济的到来提醒我们，未来的世界是知识的竞争、人才的较量，人们必须学习才能跟上时代发展的步伐；而信息的飞速发展也使得知识老化的速度加快，只有不断地学习学习再学习，才能不断地充实自己，丰富自己。公共图书馆是知识的宝库，积极地拓展其文化功能，可以更充分地发挥其文化职能，更好地把知识向社会传播，将社会的读书学习风气带动起来。

三、有利于文化导向的开展

大英博物馆第六任馆长安东尼·帕尼茨（Anthony parnitz）在1856年对议会的

一个特别委员会说："我希望贫困学生能像我们国家最富有的人一样，在图书馆力所能及的范围内满足他们对知识的渴望。"从公共图书馆诞生的第一天起，它就代表着一种保障社会信息公平的最低限度的制度。公共图书馆精神作为公共图书馆精神的本质和核心，自诞生以来一直延续至今。2000年3月，联合王国图书馆信息委员会在其报告《图书馆：社会一体化的基础》中阐述了图书馆在促进社会一体化方面的独特作用。《公共图书馆宣言》还提到公共图书馆是促进寻求和平与精神福祉的主要机构。不难看出，这些反映了当代公共图书馆促进社会和谐发展的精神内涵，是城市文化蓬勃发展的前提和基础。我国的公共图书馆是在封建图书馆的基础上发展起来的，而封建图书馆才刚刚走过百年的历史。我国公共图书馆的发展始终与城市化的发展同步。从公共图书馆的发展可以判断整个社会的发展趋势。如今，在前进的道路上，在文化体制改革的背景下，我国公共图书馆逐渐成为促进社会和谐发展、保障公共信息公平的重要力量。

社会信息公平、保障体系、促进社会融合，公共图书馆精神，作为城市精神文化的重要组成部分，作为一种意识形态的概念，加深对公众需求，理想、信念和价值标准的总结和提炼，它可以令人兴奋，主张正义的概念，启蒙运动，这样一个强大的精神凝聚力不仅是公共图书馆的生存和发展生生不息的动力，同时也深化了城市文化的内涵，促进城市文化和谐发展的重要催化剂。吴魏之，北京大学的教授，说："今天，我们可以比较各种类型的社会组织，很难找到一个可以像大量的公共图书馆，完整的系统，基本的自由球员，不受年龄、种族、性别、宗教、国籍、社会地位的限制，原则上，享受免费服务。在构建和谐社会的过程中，公共图书馆必然会缓解社会矛盾，缩小社会差距。积极开展文化生活，提高教育水平；缩小数字鸿沟，促进和谐发展。

四、有利于人类文化遗产的传承

保护人类文化遗产是图书馆最古老的功能。直到今天，这个函数仍然是库的其他函数的基础。随着时代的发展，在图书馆自身发展的过程中，保存对象的形式不断变化，保存手段不断更新，保存目的不断扩大。从最初的龟壳和纸莎草泥板，到现代印刷书籍，到现代光盘、磁带、胶片、缩微胶片、平板胶片等各种数据库，只要人类社会的每一步留下的文化遗产可以保存的对象库；从最初收集的书在图书馆的使用信息技术数字化和数字化的收集，以便它可以被保护时间更长和更完美的；从古代文化遗产的保存库来保存现代图书馆的功能保存更多的反映在文学的使用，使人类的文化财富能够得到更好更广泛的应用。由此可见，时代的发展并没有使公共图书馆的功能失去意义，科学技术的进步使公共图书馆的功能发挥得更加完善和充分。因此，公共图书馆在保障公民文化权利方面发挥着不可替代的作用，是人类文化财富传承的重要力量。

· 在提高国家文化实力方面

根据2005年《中国公众科学素养调查》显示，大多数中国公众通过报纸、杂志和书籍获取知识和信息，分别占69.5%、27.1%和16.2%。调查还显示，公众阅读的书籍、期刊和报纸大多来自图书馆。可见，图书馆事业作为国家文化事业的重要组成部分，在提升国家文化软实力的过程中具有广阔的空间。图书馆是一种文化载体，展示着一个国家或地区的文化软实力。

公共图书馆作为重要的文化基础设施和非营利性文化服务机构，逐渐成为推动我国文化服务体系建设和完善的重要组成部分。

公共图书馆作为文化教育机构和提供民族精神食粮的主要场所，不仅保存着大量的地方文化典籍，而且不可避免地要收集各个时期、各个流派、各个思想、各个国家的文献。

因此，公共图书馆在促进民族文化交流、维护文化多样性格局的同时，在保护、传承和弘扬民族文化方面发挥着日益突出的作用。建立具有自身特色的文献资源收集体系和保障体系尤为重要。根据公共图书馆的定位，发展公共图书馆事业，创新服务模式，弘扬优秀文化，使公共图书馆在文化软实力建设中发挥更大作用。

书籍是人类智慧和文明最重要的载体。阅读是人们获得精神食粮、培养独立思考能力、想象力、创造力和自我修养最有效的途径。

公共图书馆是政府向全社会开放的唯一提供永久性文化服务的公益机构，是教育、文化和信息传播的中心，是人们的精神家园。

因此，开展"阅读"的活动是一个重要的测量由中央委员会宣传部文化事务办公室中央委员会和新闻出版总署实现中国共产党第十六次全国代表大会的要求建立一个学习的社会。巩固扩大现有的成就，中央宣传部部长、新闻出版总署在现有工作的基础上，继续会同中央文明办公室、教育部、民政部、文化部、全国总工会、共青团中央、全国妇联中国人民解放军总政治部和其他部门，进一步加强组织领导和协调的阅读活动，进一步丰富活动的内容和方式，进一步在全社会形成"多读书，读好书"，一个良好的舆论氛围和文明实践，为了提高全民族的思想道德和伦理文化更好的质量，促进经济社会又好又快发展。

深化文化体制改革，不是把一切"事业"都变成"产业"。发展文化事业和文化产业，不仅需要政府加大投入，更需要政府职能从"办文化"向"社会管理和公共服务"转变。党的十六届全国代表大会以来，非营利文化事业的发展受到越来越多的关注。"十一五"规划明确提出，要加大对文化事业的投入，逐步形成覆盖全社会的比较完善的公共文化服务体系。中国有2850家公共图书馆。随着覆盖面的扩大，非营利性文化事业的服务水平也在技术创新和制度机制上不断提高。为了最大限度地满足读者的需求，服务水平也在不断提高创新，使文化软实力建设有了一个硬性指标。

文化是综合国力竞争的重要因素，是社会进步的强大动力。先进的公共图书馆文化不仅是提升我国文化软实力的表现，也是保证图书馆在提升我国文化软实力过程中发挥重要作用的保障。

一个民族的素质体现在每个公民的综合素质上，即思想品德素质、科学文化素质、实践能力素质（工作能力、应变能力、自学能力、创新能力等）、心理素质和身体素质。这些素质的教育和培养，不是一蹴而就的，不是轰轰烈烈的群众运动，不是形式的宣讲和宣传。它是一项长期、扎实而细致的"基础"建设工作，特别是思想形态的形成往往需要一个长期而微妙的转变过程。

一个民族要经过几代人的继续教育才能形成民族素质。图书馆馆藏文献是前人思想和知识记录的结晶。一本好书，不仅能给你营养的知识，而且像一位良师益友，能给你前进的勇气。人们可以挖掘、利用、学习和实践这种资源来积累自己的知识，这种一点一滴的积累就是进步。随着知识和修养的提高，一个人会有能力辨别周围的是非。同时会自觉养成一些好习惯，慢慢形成一些好性格。在获取和使用知识的过程中，人们需要不断地思考、实践和探索，培养和训练人们的自学能力和创造能力。当人们真正走进图书馆，置身于那些古今中外的伟大思想之中，去期待、去聆听、去感受、去品味、去探索、去追求，就会自觉或不自觉地产生一种科学精神，去求知、去求新、去求实。这正是我们这个时代所需要的一种精神品质。

因此，公共图书馆在提高个人素质方面发挥着重要作用。要提高公民的个人素质，就必须丰富和创新公共图书馆的资源，提高公共图书馆的服务水平。通过这种方式，公共图书馆可以吸引更多的人，并为他们提供丰富的信息资源。

参考文献

[1] 顾潇华，李洪建.文献信息资源共建共享运行机制研究的综合探析［D］.中国图书馆学报，2011，（4）.

[2] 宋学清.对信息资源共建共享若干问题的探讨［A］.中国西部图书馆事业发展战略暨东西部合作论坛会议专辑［C］.图书馆理论与实践，2009，（增刊）.

[3] 高波，刘兴恒，于丽凤.网络环境下我国图书馆信息资源共建共享现状调查报告［D］.中国图书馆学报，2001，（4）.

[4] 李家清.我国网络环境下的资源共建共享［D.图书馆建设，2010，（4）.

[5] 马琳.从资源共享看黑龙江省地方特色文献的建设［D］.图书馆学刊，2011，（1）.

[6] 李湘鸿。高校图书馆特色馆藏建设探析——以永州地方文献开发为例［J］.图书馆学刊，2009.

[7] 李平杰.图书馆藏书［M］.四川大学出版社，2004年.

[8] 方意平.对图书馆文献资源建设的思考].科技情报开发与经济，2006年

[9] 常书智.文献资源建设工作［M］.北京图书馆出版社，2001.

[10] 杨青，吕娟.信息网络传播权——数字图书馆应予以关注的权利.图书馆建设，2005（4）.

[11] 吴桂珍.网络传播权与大学图书馆。贵图学刊，2005（2）.

[12] 李洪武，万绍丽.数字图书馆与信息网络传播权：知识共享扩张与保护私有财产.理论与实践，2005（2）.

[13] 万红金，王瑜。信息网络传播权的问题及应对之策.新闻知识，2005（4）.

[14] 信息网络传播权摆脱迷茫.网络传播，2005（1）.

[15] 张金凤."信息网络传播权"对信息资源管理的挑战与对策.河北科技图苑，2004（6）.

[16] 方曙莹.数字图书馆的信息网络传播权。湖北经济学院学报（人文社会科学版），2003（6）.

[17] 夏清瑕，乔生.信息网络传播权立法限制论析，财贸研究，2004（5）.

［18］严真.信息网络传播权对图书馆服务的影响。图书馆学刊，2004（5）.

［19］敖亚非，数字图书馆遭遇信息网络传播权挑战.河北科技图苑，2004（4）.

［20］乔生。信息网络传播侵权的问题与对策.江淮论坛，2004（4）.

［21］李顺德.网络出版与信息网络传播权，科技与出版，2004（2）.

［22］姚倩.数字图书馆与信息网络传播权的侵权界定.图书馆界，2003（4）.

［23］张慧.信息网络传播权对数字图书馆的影响及其对策。情报杂志，2003（11）.

［24］祝亚明.新传播权对数字图书馆建设的制约及对策探讨.情报杂志，2003（10）.

［25］陈英群.信息网络传播权对数字图书馆建设的影响。高校图书馆工作，2003（4）.

［26］近期著作权保护工作的有关情况。中国出版，2004（12）.